| 高校社科研究文库 |

第二国际的理论争论与
马克思主义的分野

——————

刘雅琪 | 著

光明日报出版社

图书在版编目（CIP）数据

第二国际的理论争论与马克思主义的分野 / 刘雅琪
著 . -- 北京：光明日报出版社，2019.3（2022.9 重印）
ISBN 978 - 7 - 5194 - 5141 - 7

Ⅰ.①第… Ⅱ.①刘… Ⅲ.①第二国际—研究②马克
思主义—研究 Ⅳ.①D14②A81

中国版本图书馆 CIP 数据核字（2019）第 042200 号

第二国际的理论争论与马克思主义的分野
DIER GUOJI DE LILUN ZHENGLUN YU MAKESI ZHUYI DE FENYE

著　　者：刘雅琪

责任编辑：刘兴华　　　　　　　　责任校对：赵鸣鸣
封面设计：中联学林　　　　　　　　责任印制：曹　净

出版发行：光明日报出版社
地　　址：北京市西城区永安路 106 号，100050
电　　话：010 - 63131930（邮购）
传　　真：010 - 67078227，67078255
网　　址：http：//book. gmw. cn
E - mail：gmrbcbs@ gmw. cn
法律顾问：北京市兰台律师事务所龚柳方律师

印　　刷：三河市华东印刷有限公司
装　　订：三河市华东印刷有限公司

本书如有破损、缺页、装订错误，请与本社联系调换，电话：010 - 67019571

开　　本：170mm×240mm
字　　数：158 千字　　　　　　　　印　　张：11
版　　次：2019 年 3 月第 1 版　　　　印　　次：2022 年 9 月第 2 次印刷
书　　号：ISBN 978 - 7 - 5194 - 5141 - 7
定　　价：68.00 元

前　言

马克思主义的命运是与时代发展休戚相关的。随着时代的发展和空间的转换，与时俱进地解决时代问题是马克思主义的生命力所在。第二国际时期是资本主义大变动的历史节点。面对资本主义新变化和无产阶级革命形势在不同国家的新状况，以考茨基、伯恩施坦、列宁、卢森堡等为代表的第二国际理论家们，在时代主题以及社会主义实现方式等问题上发生了激烈的争论，出现了对马克思主义的不同阐释，导致了马克思恩格斯去世之后国际共产主义运动中马克思主义的分野。

对于第二国际争论的认识，长期以来，由于受到苏联的影响，我国学术界基本接受了这一观点，即除列宁主义以外，其他理论家的观点都被视为"修正主义"或"机会主义"。苏东剧变之后，特别是最近几年，我国学界重新开始了对第二国际的研究，并取得了新的进展。当前学界已经就第二国际瓦解的原因达成了共识，认为第二国际的瓦解是源于时代条件转换，在依据社会实践不断发展马克思主义的同时，导致了立场不同的马克思主义理论家在实现社会主义方式上的分化。但是，当前有关第二国际的研究也存在有一些缺憾，比如，"碎片化倾向严重"、"整体性研究不足"等状况。本研究就是上述认识不断提高的产物。本书将以唯物史观为指导，立足于具体的历史环境，在尊重第二国际理论家们言论的基础上，力求从整体上客观地描摹第二国际时期理论家之间的分歧，探究争论的原因和争论的结果，说明马克思主义只有与时俱进、只有与本国的具体实际相结合，才会有强大的生命力。同时，本书也注重在"历史——现实"的发展脉络之间，对第二国际时期争论的若干问题给予持续的关注和中肯的解答。正本清源，返本开新。

本书以唯物史观为指导，辅以"对资本主义发展状况的分析（现状）——对社会主义实现方式的探索与调整（路径）——对未来共产主义社会的科学预测（目标）"为分析框架。在研究时，以特定的历史环境为背景，首先考察了"经典马克思主义"理论家随着资本主义状况的发展与变化对实现社会主义方式的认识与调整。从唯物史观来讲，社会发展的历史也是一部自然发展史，社会主义必然将代替资本主义。在遵循这个基本原理的前提下，社会主义的实现有两种方式，一是通过暴力革命的方式，一是通过和平过渡的方式。选择这两种方式中的哪一种，要以当时当地的历史条件为前提。

进而，在马克思和恩格斯相继谢世之后，面对资本主义新变化所提出的重大时代课题，第二国际马克思主义理论家在将马克思主义与文化传统不尽相同的各国现实相结合时，就"社会主义实现方式"问题引起了理论争论与分歧。伯恩施坦在理论上的"修正主义"及其日后在实践上逐渐形成的社会改良主义是"短视"的，然而它开启了对西欧实现社会主义方式的探索；以考茨基代表的中派主义总是"从国际无产阶级长远的共同利益的立场出发"，对具体的政治实践问题做学理化处理，从而使马克思主义趋于僵化；但它是德国半专制半民主社会现实的客观反映。以列宁为代表的左派，立足于经济文化比较落后国家的现实，对像俄国这样经济文化落后国家如何实现和建设社会主义进行理论探索，开创了马克思主义在实践中发展的新道路。

在第二国际内部，正是由于在对时代主题、社会主义实现方式、俄国社会主义革命发生的条件与新生苏维埃政权性质认识上的不同，才进一步论证了对经典马克思主义理论三种不同的解读，也正是这一不同解读导致了第一次世界大战爆发后马克思主义在东西方的分野。研究第二国际时期理论争论以及争论所引起的马克思主义分野发展，对于我们今天认识和发展马克思主义、坚持和发展当代中国马克思主义有重要的理论和现实意义。

Abstract

The fate of Marxism is closely related to the epoch. Its viability could be attributed to its ability to solve temporary problems with the changes in temporal and special dimensions. The Second International period was a time of fundamental changes. Faced with new features of capitalism and new situations of proletariat revolutions, the Second International theorists like Kautsky, Bernstein, Lenin, and Luxemburg fiercely debated about theme of the times and ways to realize socialism. Different interpretations about Marxism were put forward, and resulted in divisions on Marxism after the dearth of Marx and Engels.

For a long time, influenced by the former Soviet Union, Chinese academic community dismissed all other interpretations than Lenin's as either Revisionism or Opportunism. After the collapse of the former Soviet Union, especially recently, Chinese academic community began to re – focus on the Second International, and made important progresses. Now, academic community has reached consensus on the source of disintegration of the Second International, that is, due to change of epochal conditions, different theorists, along with their effort to update Marxism, took different positions on ways to realize socialism. However, current research has some deficiencies, the most obvious of which is fragmentation and lack of integration. This paper is the very product based on the improvements in our knowledge of the current studies on the Second International. In line with materialistic history views and based on solid historical facts, this paper makes every effort to describe the debate among various theorists in whole, and explores the reasons and consequences of the debate, in order to illustrate a conclusion that, only by developing with the change of time and combining with specific national situations, does Marxism demonstrate infinite viability. Meanwhile, this paper consistently paid attention to key issues in the debate and provided appropriate answers. Reaching to the very source and opening up new beginnings.

Throughout, this paper is guided by historical materialism and complemented by an analytical framework along the route from analysis on contemporary capitalism (present) to exploration and fine – tuning of the ways of realizing socialism (road) till scientific forecasting about communist society (goal). First of all, my research, based on specific historical background, explores classical Marxists' understandings and changes of positions on ways of realizing socialism according to new development of capitalism. From the point view of historical materialism, social development is as like natural development and socialism will replace capitalism in due course. Accordingly, socialism will be realized mainly by two ways, either violently or peacefully, and which one is better depends on specific conditions.

Then, after the passing away of Marx and Engels in the latter part of 19th century, Marxist theorists in the Second International, faced with new features of capitalism, adapted Marxism to their varied national cultural heritage and debated on the ways of how to realize socialism. Although Bernstein's revisionism in theoretic dimension and reformism in practical dimension were myopic, they helped begin the exploration on ways of realizing socialism in the West Europe. Centralism, represented by Kautsky, sprung from "the perspective of the long – term and common interests of international proletariat", always treated practical political issues as academic issues and hence dogmatized Marxism. The left wing, represented by Lenin and basing their theory on

2

the reality of economically and culturally under – developed countries like Russia, explored fruitfully about ways to realize socialism and opened a new road in practice of Marxism.

Within the Second International, three interpretations of Marxism, which resulted in the divisions of Marxism after the First World War, are based on different understanding about such issues as theme of the times, ways of realizing socialism, Russian revolution and the newborn Soviet U-nion. Studying on the theoretic debate during the Second International era and the resultant different interpretation about Marxism has both theoretic and practical implication for us today to understand and develop Marxism, stick to and develop contemporary China's Marxism.

Key Word: the second International Workingmen's Association; the ways to realize socialism; reform; revolution

目 录
CONTENTS

导　言

第二国际是马克思主义发展史上承前启后的"关键一环"①。它是资本主义从自由竞争阶段向垄断资本主义过渡、马克思主义从西方向东方传播的交叉点，是从"经典马克思主义"② 向"马克思之后的马克思主义"③ 的过渡阶段。面对资本主义时代的新变化，在第二国际内部，马克思主义理论家围绕"社会主义实现方式"不同探索的理论争论是导致第二国际瓦解的根本原因。之后，马克思主义分化为"西方马克思主义"和"东方马克思主义"，社会主义运动分化为"社会民主主义"和"革命共产主义"，马克思主义和社会主义运动从欧洲走向世界。因此，关于第二国际马克思主义的研究，无论对于马克思主义理论或社会主义运动实践的探索，都具有特别重大的意义。

---

① 本刊记者：《应当重视和加强对第二国际的研究——姚顺良教授访谈》，《国外理论动态》，2008 年第 6 期。
　南京大学姚顺良教授："如果把马克思主义发展史比作一个链条，第二国际就是这一链条中最为关键的一环。所以，如果我们在研究马克思主义发展史的过程中不关注第二国际的问题，那么必然形成一个断裂的链条，也就不可能完整地把握马克思主义发展史。"
② 经典马克思主义通常指代马克思与恩格斯本人的马克思主义。
③ 这一表述借用了戴维·麦克莱伦《马克思以后的马克思主义》一书书名的说法，但是内涵不同。它旨在强调经历第二国际的理论争论后，马克思主义在东、西方社会不同发展的现实。

一、问题的提出

毫无疑问，马克思主义的命运是同整个第二国际的历史有着不可分割的联系的。在时代条件和实践基础发生变化的情况下，应如何对待马克思主义？是修正或扬弃，还是继续坚持并与时俱进？这一"如何将马克思主义与现实更好结合，以探索实现社会主义方式"的课题在第二国际内部引起了马克思主义理论家的广泛关注和争论。这些争论正是对时代和实践所提出的重大课题的思考与回应，是对"什么是马克思主义、怎样对待马克思主义"这一问题不同立场和态度的解答。尔后，以第一次世界大战为突破口，马克思主义分化为民主社会主义与列宁主义，并引发了西方马克思主义者对于西欧无产阶级革命失败原因的哲学思考。因此，从这个角度来讲，对第二国际时期马克思主义理论家理论争论的整体性研究，可以有助于我们弄清第二国际瓦解的原因与民主社会主义思潮的起源，并清楚地梳理经典马克思主义与列宁主义、民主社会主义、西方马克思主义之间的脉络关系；从而在根本上抵御民主社会主义思潮的侵袭。这种分野本身正是马克思主义从理论走向现实过程中统一性和多样性的体现。

其次，对第二国际历史进行全面研究显然是来自于现实的需要。汤因比在其《历史研究》的序言中指出，"我始终是脚踩着现在和过去两只船。……既回顾过去，又展望未来。因为当你研究现在和过去的时候，对未来不可能视而不见，倘若这是可能的话，那反而荒唐可笑了。"① 只有熟悉历史，才能恰当地把握现在，预见未来。第二国际是一个复杂的"历史传统"，这一"历史旧案"是渗透在当今社会主义实践中的内涵极其丰富的思想资源。在第二国际时期，马克思主义理论家们对"资本主义时代新变化"的不同解读、对"社会主义实现方式"的不同探索和有关"经济文化比较落后国家进行社会主义革命何以可能"的理论争论，仍然是我们今天在新的历史条件下还在持续关注和

---

① ［英］阿诺德·汤因比著，刘北成、郭小俊译：《历史研究》，上海人民出版社，2000，第1页。

争论的问题。例如，"如何看待当今资本主义的新变化，并在变化了的时代基础上继续探讨资本主义国家实现社会主义的可能方式"、"如何将马克思主义与文化传统不尽相同的社会现实相结合，独立自主地探索实现社会主义的道路"问题；面对东欧国家的演变和苏联解体与当代中国特色社会主义所取得的伟大成就正反两方面的经验，"如何看待考茨基提出的俄国十月社会主义革命是'早产儿'"问题和"经济文化落后国家建设社会主义中的经济建设和民主建设"等问题：这些问题都是关乎马克思主义的历史使命和世界社会主义实践的重要问题，是对于"连同把资本家阶级在内的整个社会从现实关系的狭小范围中解放出来的理论"① 的积极探索。因此，批判地研究与分析第二国际理论争论的历史就能直接进入"围绕现代社会主义发展的许多迫切问题"所展开的思想理论论争中去。

再者，这一研究问题的提出更是源于长期以来我国学界对于"第二国际"以及这一阶段"过渡性质"的历史重要性的认识和研究不足的现状。建国初期，由于深受苏共结论的影响，我国学术界基本接受了这一观点，即除列宁以外，其他都被视为"修正主义"或"机会主义"。改革开放以来，随着我国学界逐步开始摆脱"左"的思想束缚，有关第二国际的研究开始了从"供批判为目的的介绍"到"客观分析、独立探索"的转变。然而，由于长期缺乏对第二国际历史的客观合理的认识，我国学界对第二国际研究不仅起步晚而且十分薄弱。

---

① 1886 年，《英国工人阶级状况》在美国出版，恩格斯为该书撰写"美国版附录"，其中有这么一段话，"共产主义不是一种单纯的工人阶级的党派性学说，而是一种目的在于把连同资本家阶级在内的整个社会从现实的狭小范围中解放出来的理论。这在抽象意义上是正确的，然而在实践中却是绝对无益的，有时还会更坏。既然有产阶级不但自己不感到有任何解放的需要，而且全力反对工人阶级的自我解放，所以工人阶级就应当单独地准备和实现社会革命。"

二、国内外研究述评

（一）国外研究述评

国外研究第二国际的学者，主要包括前苏联和东欧以及当今俄罗斯的一些学者、联邦德国和民主德国以及当今德国的一些学者，当然还包括西方其他一些学者。这是由于在第二国际时期，就若干重大问题进行的理论论战主要是在德国进行，其次是俄国。这些学者们研究的问题及其进展状况主要集中在如下几个方面。

1. 前苏联和东欧以及当今俄罗斯对第二国际的研究

这一对第二国际的研究主要可以划分为列宁之后的斯大林时期、后斯大林时期两大阶段。在斯大林时期，第二国际基本上被看作是机会主义在事实上统治的时期。由于受到斯大林的影响，这一时期第二国际往往被当作批判的对象。在后斯大林时期，以东欧剧变和苏联解体为界限，学者们对第二国际的研究大致可以划分为两个时期。在前一时期，学者多以历史发展为脉络从整体上研究第二国际历史或者对个别理论家做专门研究。代表性著作，如祖波克的《第二国际史》、莫吉列夫斯基的《第二国际的复活》、尤·米·切尔涅佐夫斯基的《列宁反对考茨基对马克思主义修正的斗争》、布莱奥维奇的《卡尔·考茨基及其观点的演变》、C. M 斯切茨凯维奇的《第一国际和第二国际》、加尔金等著的《第二国际·第二国际半》、L. 科拉科夫斯基（Lessen Kolakowski）的《马克思主义主要流派》（第二卷·黄金时代）（Main Currents of Marxism——Its Rise，Growth and Dissolution），等等。可以看出，我国学者在改革开放之前对第二国际的看法，基本上是与这一时期苏联学者的观点相似的。苏东剧变后，俄罗斯学者开始了对第二国际及其理论家的重新思考，并展开了广泛的讨论。尤为值得一提的，如俄罗斯科学院院士奥伊泽尔曼的《为修正主义辩护》，在书中作者提出"还伯恩施坦主义以历史公正"① 的重要观点。

2. 联邦德国和民主德国以及当今德国对第二国际的研究

1957 年，联邦德国马蒂亚斯发表的《考茨基和考茨基主义》一文，在联邦德国和民主德国引起了广泛的探讨。马蒂亚斯认为，考茨基的思想始终贯穿着达尔文进化论的思想；而且在考茨基同马克思恩格斯某些观点一致的表面背后完全隐藏着不同的"政治生活感"。马蒂亚斯还指出，一战前的德国社会民主党实际是"泥足巨人"，它的策略实质上是顺从现实；而考茨基主义正是这一现实的"稳定因素"。1967 年出版的《社会主义和德国社会民主党》一文，认为考茨基是一个教条主义者，无论是在哲学还是在经济学上，考茨基都没有能力发展马克思主义，他是马克思"最好的学生"，总是不断重复马克思恩格斯的观点。19 世纪 70 年代中后期联邦德国"马尔堡学派"成立的社会史和工人运动研究会比较集中地研究了德国工人运动的理论和实践。其代表作有《德国社会民主党史（1863—1975）》。此外，也有不少著作也十分关注第二国际理论家有关帝国主义、民主与专政问题的看法。

民主德国关于第二国际的研究基本上与苏联学界后斯大林时期的观点一致。例如，在对待考茨基的态度上他们基本上是与尤·米·切尔涅佐夫斯基的《列宁反对考茨基对马克思主义修正的斗争》中的观点一致：考茨基是在 19 世纪 80 年代转向马克思主义的；1910 年考茨基转向改良主义，成为中派主义的节点；十月革命后考茨基彻底转向了社会改良主义；等等。安奈利斯·拉希察和霍斯特·舒马赫 1965 年出版的《关于从 19 世纪末到德国共产党（斯巴达克同盟）建立为止德国左派的形成和发展提纲》清楚地梳理了德国社会民主党内左派形成和发展的历史，在民主德国学界引起广泛关注；德国和国际共产主义运动活动家瓦尔特·乌布利希主编八卷本著作《德国工人运动史》（1966 年出版），对德国社会民主党内的活动进行了详尽的介绍。此外，这一时期，民主德国大量关于第二国际研究的文章层出不穷，例如：霍·巴特

---

① 林艳梅：《奥伊泽尔曼〈为修正主义辩护〉一书观点述评》，《国外理论动态》，2009 年第 4 期。

尔《19 世纪末德国工人运动中马克思主义和修正主义之间的论战》、《卡尔·考茨基和中派主义》、《中派主义在社会改良主义体系中的作用》，等等。当代德国关于第二国际的研究主要致力于北欧"福利国家"和西欧社会党相关政策的研究，继续探索现实资本主义的替代方案；例如，对"第三条道路"的研究。

3. 西方学者对第二国际的的研究

西方学者关于第二国际的研究和反思始于以卢卡奇、葛兰西和柯尔施为代表的西方马克思主义者，此后西方马克思主义者对第二国际马克思主义的定位基本上是沿着这一方向展开的。例如，卢卡奇在其代表作《历史与阶级意识》一文中对第二国际领袖的"经济决定论"和消极斗争策略进行了反思，指明无产阶级的正确路线并不能依据"教条"来预见，而是要依靠对社会生活的整体、全面的理解来把握。科尔施在其所著的《唯物主义的历史观——同卡尔·考茨基的争论》一书中指出，考茨基的历史观并不同于马克思恩格斯历史观，他只是为考茨基实践上的"修正主义"必要补充，是考茨基"修正主义"观点的公开。葛兰西认为，第二国际失败的根源就在于工人阶级运动无力抗拒资产阶级意识形态的渗透；在他的著作《狱中札记》中，葛兰西提出了"文化领导权"理论，以期无产阶级能通过掌握意识形态领导权将其自身的利益表达转化为全社会的利益与常识无意识。此外，1933 年悉尼·胡克的《对卡尔·马克思的理论》、1954 年 G. D. H. 柯尔的《社会主义思想史》（第三卷）——《第二国际》（1889—1914）从宏观方面对第二国际马克思主义进行了系统的论述；1936 年，在瑞士出版的《修正主义：对德国马克思主义理论的一次修正尝试（1890—1914）》（埃雷卡·雷克利）将"修正主义"认为是使马克思主义适应新情况的尝试；文中还指出，"修正主义"主要有两个流派：一个是强调马克思主义革命的一面，一个是强调马克思主义改良的一面。1974 年，皮埃尔·昂热尔出版的《伯恩施坦和德国社会社会主义的演变》指出，伯恩施坦为"态度暧昧"的改良主义提供了一个彻底的思想体系。1974 年佩里·安德森的《西方马克思主义探讨》一书在对"西方马克思主义"作为共同学术传统进行探讨的过程中涉及对于第二国际马克思主义的评介。1978 年戴维·麦克莱伦发表《马克思以后的马克思主义》，描摹了马克思去世之后，马克思主义思想的发展脉络。1996 年唐纳德·萨松出版的《社会主义百年史——20 世纪的西欧左翼》是研究 20 世纪西欧社会主义运动的集大成者。这些都是西方学者有关第二国际研究的经典大部头著作。

（二）国内研究述评

新中国建立后，随着对国际共产主义运动史的研究，我国学者对第二国际的研究才得以展开，至今已逾六十年之久。总体说来，这一研究大致经历了三个阶段。

阶段一：建国以来，由于受到苏联共产党的影响，第二国际一直被认为是"修正主义"和"改良主义"的代名词。因此，在这一时期国内学者对于第二国际的研究仅限于翻译、介绍和出版相关的著作，为之后关于第二国际研究提供了大量丰富的材料①。

阶段二：改革开放以来，国内学者开始对第二国际历史的若干基本问题重新进行探索和研究，第二国际的历史地位得以逐渐恢复。这些基本问题主要限于第二国际成立的历史背景、组织结构和组织原则、历史地位；对于第二国际性质的界定；第二国际的历史分期、主要活动、历

---

① 参见：[苏] 加尔金等：《第二国际·第二半国际》，人民出版社，1954 年；中国人民大学马列主义教研室选编：《国际共产主义运动史资料选编》，1957 年；[德] 罗兰·鲍威尔：《第二国际（1889—1914）》，上海人民出版社，1957 年；威廉·福斯特：《三个国际的历史》，人民出版社，1958 年；[德] 爱德华·伯恩施坦：《社会主义的前提和社会民主党的任务》，三联书店出版社，1958 年；[德] 约·连茨，《第二国际的兴亡》，1964 年版；[苏] 伊·布拉斯拉夫斯基：《第二国际第二国际历史资料——第二国际》，三联书店，1964 年；中央编译局选编：《机会主义修正主义资料选编》丛书（又称"灰皮书"：这一系列丛书 61 年开始出版，"文革"期间中断；72 年又陆续开始出版）；等等。其中，"灰皮书"几乎收录了第二国际大多数理论家的著作和言论，如《伯恩施坦、考茨基著作选录》（1964）、艾·王德威尔德的《社会主义反对国家》（1964）、《今日社会民主党的理论和实践》（1965）《伯恩施坦言论》（1966）、《考茨基言论》（1971）、《鲍威尔言论》（1978）、《布尔什维主义还是社会民主主义？》（1978），等等。

史功绩和破产原因；关于第二国际人物的评价问题；等等①。与此同时，大量关于第二国际发展史研究的著作涌现，如：高放主编的《社会主义思想史》（1987）、黄安淼等主编的《当代国际共产主义运动史》（1987）、周海乐编注的《第二国际史》（1989）、张中云主编的《国际共产主义运动史》（1994）、刘佩弦、马健行主编的《第二国际若干人

---

① 参见：高放：《第二国际破产的若干历史教训》，《湖南师院学报》（哲学社会科学版），1981 年第 1 期；殷叙彝：《第二国际的组织形式和结构》，《国际共运史研究资料》，1981 年第 2 期；金愈庆：《第二国际组织特点初探》，《内蒙古大学学报》（哲学社会科学版），1981 年第 1 期；魏成德：《第二国际前期活动的成就和经验教训》，《青海社会科学》1982 年第 2 期；梁守德：《列宁在民族殖民地问题上同第二国际内修正主义的斗争》，《史学月刊》，1982 年第 6 期；房宁：《第二国际组织比较松散的原因是什么?》，《教学与研究》1982 年第 2 期；李宗禹：《关于评价第二国际的几个问题》，《世界历史》，1985 年第 7 期；于沪生：《第二国际史学术讨论会简况》，《世界历史》，1985 年第 3 期；李兴耕：《苏联史学界对第二国际若干问题的研究状况》，《国际工运史研究资料》1985 年第 2 期；李宗禹：《列宁和第二国际》，《世界历史》，1985 年第 3 期；张世鹏：《恩格斯与第二国际的建立》，《北京大学学报》（哲学社会科学版），1986 年第 3 期；文晓明：《对第二国际策略的再思考》，《南京师大学报》（社会科学版），1987 年第 3 期；李忠杰：《试论第二国际后期活动的历史功绩》，《学术界》，1987 年第 4 期；许寒：《第二国际史的几个问题》，《河南大学学报》（社会科学版），1987 年第 4 期；储考山：《对第二国际修正主义产生原因的马克思主义批判》，《上海大学学报》（哲学社会科学版），1987 年第 4 期；殷叙彝：《议会斗争与第二国际的策略》，《世界历史》，1989 年第 4 期；吴铭：《论第二国际使其欧洲社会主义运动的分化》，《世界历史》，1989 年第 4 期；高放：《三个国际的比较》，《马克思主义在当代》，1989 年第 3 期；高放：《第二国际史研究的崭新成果》，《世界历史》，1989 年第 4 期；蔡金培：《"第二国际学术讨论会"观点综述》，《党校科研信息》，1989 年第 3 期；吴兴唐：《要研究第二国际和当代社会民主主义的关系》，《国际共运史研究》，1989 年第 2 期；王学东：《纪念第二国际成立 100 周年学术讨论会综述》，《当代世界与社会主义》，1989 年第 3 期，周多礼：《试析第二国际组织形式》，《安徽省委党校学报》1989 年第 3 期；高放：《研究第二国际历史经验的重大意义》，《政治学研究》，1989 年第 2 期；周懋庸：《第二国际的瓦解》，《当代世界与社会主义》，1989 年第 4 期；马健行：《第二国际时期各派帝国主义理论的比较研究》，《马克思主义研究》，1989 年第 1 期；李景致：《第二国际革命派与改良派的分歧是非原则性的吗?》，《教学与研究》，1990 年第 3 期；张中云：《略论列宁与第二国际社会民主主义的若干分歧》，《教学与研究》，1990 年第 3 期；文晓明：《论第二国际的破产及其教训》，《南京师范大学》（社会科学版），1991 年第 4 期；陈海宏：《第二国际史研究情况综述》，《山东师范大学》（人文社会科学版），1993 年第 2 期；张祥云：《第二国际破产原因再探》，《西安政治学院学报》，1999 年第 3 期；等等。

物的思想研究》（1992）、殷叙彝、李兴耕等编注的《第二国际研究》
（1998），等等。这一阶段，关于第二国际研究的高潮主要集中于1989
年（第二国际成立一百周年纪念）与1990年（列宁诞辰120周年纪
念、伯恩施坦诞辰140周年）。

　　阶段三：进入21世纪以来，我国学界有关第二国际的研究开始侧
重对第二国际个别思想家或个别重大问题的研究，并注重挖掘其当代价
值。学界逐步意识到：第二国际的瓦解是源于时代条件转换，在依据现
实实践不断地发展马克思主义的同时，导致了立场不同的马克思主义理
论家在实现社会主义方式上的分化。如国内有学者就认为，第二国际
"破产"的症结，"实际上在于是否承认列宁主义在创造性发展马克思
主义的同时，在西方不同的国情背景下，还可能有另一种合理的发展路
线，以及如何以一种客观的取长补短的态度去审视这一发展路线"①。
高放教授也指出，不能老把社会党看成障碍物和绊脚石，它是通往社会
主义大路上的另类"建筑物"和"铺路石"。科学社会主义要善于汲取
民主社会主义的某些合理因素并与之结成社会主义统一战线，这样世界
社会主义战线才能兴旺发达。② 牛先锋教授在《论马克思主义的时代性
和时代化》一文中指出，当今世界，"资本主义社会的发展在不断积累
着社会主义的'新因素'，社会主义国家正在向着彰显社会主义本质的
方向进步。正是基于新的时代和新的实践经验，马克思主义在东西方才
有了新的发展。因此，如果尊重实践，就必须尊重当代社会主义、当代
资本主义的新变化，就必须尊重变化了的时代条件下马克思主义的最新
发展。"③ 等等。

　　1. 对第二国际思想家的专门研究。这一研究多聚焦于对伯恩施坦、
考茨基和卢森堡的研究。

　　第一，这一时期学界对伯恩施坦及其思想进行专门研究的期刊论文

---

① 王学东：《纪念第二国际成立100周年学术讨论会综述》，《国际共运史研究》，1989
　　年第3期。
② 高放：《以宽广、深邃的目光观察社会主义》，《教学与研究》，2003年第11期。
③ 牛先锋：《论马克思主义的时代性和时代化》，《马克思主义与现实》，2011年第5
　　期。

有 70 余篇，博士论文 1 篇，硕士论文 12 篇。① 内容②涉及对伯恩施坦生平及其思想发展的介绍、如何评价伯恩施坦主义和对伯恩施坦主义的重新审视。殷叙彝先生在《伯恩施坦生平和思想发展过程》一文中，注重将历史与理论相结合详尽地将伯恩施坦思想的形成、发展脉络和主要观点展现出来，并指明尽管伯恩施坦对资本主义新变化的分析尚显肤浅，但是他提出的问题是值得社会民主党和马克思主义者深思的。张世鹏先生在其《关于伯恩施坦修正主义研究的几个问题》与《如何评价伯恩施坦修正主义》这两篇文章要求，对伯恩施坦及其思想的评价要注意把握好分寸，他指出伯恩施坦主义是德国社会民主党内的社会改良主义，主张推进社会民主化，在革命风暴时期作用消极甚至反动；然而对战后资本主义的繁荣伯恩施坦是有功劳的；伯恩施坦本人是德国国内政治斗争中的中左派，社会民主党内的右派。徐觉哉教授在其《关于伯恩施坦几个观点的评析》、《目标与运动——兼论伯恩施坦的"修正主义公式"》与《对"伯恩施坦主义"再认识》这三篇文章中，通过对伯恩施坦主义内容的勾勒，指明伯恩施坦主义的实质是在确认资本主义的适应能力的历史条件下对马克思主义斗争策略的探索与调整。贾淑

---

① 以下类似资料来源：http：//epub. cnki. net/；上网时间：2016 年 3 月 2 日。
② 参见：殷叙彝：《伯恩施坦的生平和思想发展过程》，《当代世界社会主义问题》，2005 年第 1 期；徐觉哉：《对伯恩施坦主义的重新解读》，《社会科学》，2008 年第 10 期；徐觉哉：《关于伯恩施坦几个观点的评析》，《当代世界与社会主义》，2007 年第 6 期；徐觉哉：《对"伯恩施坦主义"的再认识》，《同舟共进》，2008 年第 7 期；徐崇温：《列宁与伯恩施坦：到底是谁修正了马克思主义?》，《探索与思考》，2007 年第 7 期；张世鹏：《关于伯恩施坦主义研究的几个问题》，《当代世界社会主义问题》，2010 年第 3 期；张世鹏《如何评价伯恩施坦修正主义》，《红旗文稿》，2010 年第 18 期；贾淑品：《伯恩施坦主义评析》，《井冈山大学学报》（社会科学版），2010 年第 6 期；贾淑品：《考茨基和卢森堡对伯恩施坦"适应论"批驳的比较研究》，2011 年第 1 期；贾淑品：《对伯恩施坦"和平长入社会主义"理论的再认识》，《前沿》，2010 年第 1 期；等等。
贾淑品：《卢森堡对伯恩施坦主义的认识和批评》，博士学位论文，南京师范大学，2011；聂大富：《"修正派"与"正统牌"之间一场未竟的辩论——德国社会民主党内关于伯恩施坦问题的争论研究》，硕士学位论文，上海社会科学院，2012；郑翔：《伯恩施坦社会主义改良思想之研究》，硕士学位论文，江西师范大学，2014；等等。

品教授则注重将伯恩施坦主义与列宁、考茨基和卢森堡的思想进行多角度的比较研究，如她的论文《论考茨基和伯恩施坦关于资本主义及其发展趋势的论争》、《卢森堡对伯恩施坦关于无产阶级政党及其策略原则的认识与批判》、《论卢森堡对伯恩施坦民主观的认识与研究》，等等；强调第二国际其他理论家在"关于资本主义新变化"、"关于无产阶级斗争策略"等方面的理论分歧。此外，在硕士学位论文中，除了对伯恩施坦及其思想进行整体性再认识之外，也有论文注重描摹德国社会民主党内关于伯恩施坦问题的争论，如上海社会科学院聂大富的硕士学位论文《"修正派"与"正统牌"之间一场未竟的辩论——德国社会民主党内关于伯恩施坦问题的争论研究》。

第二，有关考茨基及其思想研究的学术论文有 60 余篇，博士论文 4 篇，硕士论文 5 篇。内容①涉及对考茨基"超帝国主义论"、"夺取政权的策略"、民主观、"早产论"等思想的研究或对其思想的整体性述评。如苏颖的《考茨基的"超帝国主义论"及其当代启示》和李士珍的《考茨基的"超帝国主义论"评析》这两篇文章在深入解读考茨基"超帝国主义论"的内容的基础上，指出考茨基的"超帝国主义论"企图以和平来解决发达资本主义国家之间的斗争和矛盾是值得商榷的，但是在新的历史条件下重新审视"超帝国主义论"是十分必要的。又如，武汉大学的孙来斌在《妙论抑或谬论？——从苏联演变看考茨基的"早产论"》一文中指出，十月革命并非"早产儿"，而是历史发展的必

---

① 参见：陈学明：《评卡尔·考茨基的主要理论观点》，《马克思主义与现实》，2008 年第 4 期；苏颖：《考茨基的"超帝国主义论"及其当代启示》，《历史教学》，2009 年第 4 期；李士珍：《考茨基的"超帝国主义论"评析》，《理论与改革》，2011 年第 3 期；孙来斌：《妙论抑或谬论？——从苏联演变看考茨基的"早产论"》，《高校理论战线》，2008 年第 7 期；连建玲：《〈伯恩施坦与考茨基通信集〉的出版及其意义》，《科学社会主义》，2015 年第 2 期；等等。
苏颖：《卡尔·考茨基的马克思主义观研究》，博士学位论文，山东大学，2009；张亮亮：《卡尔·考茨基思想述评》，博士学位论文，中共中央党校，2015；周庆：《试论卡尔·考茨基的民主观》，硕士学位论文，郑州大学，2010；谢佳儿：《从工人运动的三大争议中解读考茨基的策略思想》，硕士学位论文，上海社会科学院，2012；李百灵：《考茨基"超帝国主义论"研究》，硕士学位论文，内蒙古师范大学，2014，等等。

然性与能动性的统一的结果。另外，北京大学王玉宝的博士学位论文《考茨基及其中派主义》、山东大学苏颖的博士学位论文《卡尔·考茨基的生平与思想研究》和中共中央党校张亮亮的博士学位论文《卡尔·考茨基思想述评》注重从整体上对考茨基及其思想的形成与发展脉络进行整体研究。此外，还有上海社会科学院谢佳儿的硕士学位论文《从工人运动的三大争议中解读考茨基的策略思想》、内蒙古师范大学的硕士学位论文《考茨基"超帝国主义论"研究》、中国社会科学院刘涛的硕士学位论文《考茨基与列宁无产阶级专政之争的再思考》、郑州大学周庆的硕士学位论文《试论卡尔·考茨基的民主观》等，他们都注重从某一角度对考茨基的某些思想进行深入研究。

　　第三，有关卢森堡及其思想研究的学术论文多达百十余篇，博士论文 5 篇，硕士论文 17 篇。内容①涉及卢森堡的哲学、政治哲学、民主观、资本积累理论、社会革命理论等思想的研究；例如，陈学明教授在《评罗莎·卢森堡对苏维埃政权的批评》一文中，指出在卢森堡高度肯定十月革命的同时，她对苏维埃政权提出了六个方面的批评，卢森堡认为苏维埃解散立宪会议是将民主与专政对立、是对社会主义的背离；俞吾金教授在《卢森堡政治哲学理论述要》一文中，围绕"自发与自觉"、"集中与民主"、"运动与最终目的"和"战争与革命"四组概念展示了卢森堡政治哲学的内涵；武汉大学的汪信砚教授在《罗莎·卢森堡的民主思想及其启示》一文中指出，卢森堡的民主思想体现在两

---

① 参见：陈学明：《罗莎·卢森堡对伯恩施坦、考茨基修正主义的批判》，《当代国外马克思主义评论》，2009 年；何萍：《罗莎·卢森堡的"资本积累论"与中国》，《马克思主义研究》，2005 年第 6 年；张荣臣：《对列宁和卢森堡关于集中制和民主集中制争论的再认识》，《科学社会主义》，2006 年第 5 期；金寿铁，《罗莎·卢森堡论民主与社会主义》，《哲学动态》，2008 年第 10 期；丁俊萍、赵光元：《罗莎·卢森堡民主思想探析》，《马克思主义研究》，2006 年第 5 期；汪信砚、梁玉兰：《罗莎·卢森堡的民主思想及其启示》，《马克思主义研究》，2012 年第 4 期；等等。张小红：《罗莎·卢森堡总体性方法研究》，博士学位论文，华东师范大学，2011；范冉冉：《罗莎·卢森堡总体性视域下的社会主义思想研究》，博士学位论文，南开大学，2012；李平：《社会革命合法性之辩——罗莎·卢森堡社会革命观研究》，博士学位论文，黑龙江大学，2014，方耀：《罗莎·卢森堡的资本积累理论探析》，硕士学位论文，河南大学，2014；等等。

个方面，一是体现在无产阶级政党的组织原则上，二是体现在实行社会主义民主的必要性上。与此同时，学界也很注重对其思想的整体性研究。如：华东师范大学张小红的博士学位论文《罗莎·卢森堡总体性方法研究》、南开大学范冉冉的博士学位论文《罗莎·卢森堡总体性视域下的社会主义思想研究》，等等。

2. 关于个别重大问题的研究。这一研究主要涉及晚年恩格斯与第二国际的关系研究、对第二国际时期资本主义新变化的认识研究、十九世纪中后期西欧社会的新变化与第二国际的关系的探讨、有关"经济决定论"和俄国十月革命条件的研究、第二国际马克思主义理论家的若干争论等问题的研究；等等。与此同时，大量关于第二国际理论家的著作选集①也相继出版。此外，诸如舒新的《承袭与僭越——中国共产党对社会民主党及民主社会主义的认识历程》、孙继红著的《马克思主义发展史上的论争》、贾淑品著的《列宁、卢森堡、考茨基与伯恩施坦主义》、方章东著的《第二国际理论家马克思主义观研究》也着大量笔墨对第二国际的有关问题进行深入的探讨和研究。

第一，有关晚年恩格斯与第二国际关系的研究②主要侧重研究恩格斯晚年在新的历史条件下对于无产阶级实现社会主义方式的调整及其对第二国际时期关于无产阶级实现社会主义方式之争的影响。例如，陈爱

---

① ［德］爱德华·伯恩施坦著，殷叙彝译：《伯恩施坦文选》，人民出版社，2008；［德］卡尔·考茨基著，王学东编：《考茨基文选》，人民出版社，2008；［德］罗莎·卢森堡著，李宗禹编：《卢森堡文选》，人民出版社，2008；［德］爱德华·伯恩施坦著，殷叙彝编：《伯恩施坦读本》，中央编译出版社，2008。

② 参见：陈爱萍：《第二国际初期恩格斯对马克思主义的丰富和发展》，《广西师范大学学报》（哲学社会科学版），2014 年第 3 期；［澳］曼弗雷德·斯蒂戈：《恩格斯与德国修正主义的起源：另一种视角》，《马克思主义与现实》，2010 年第 6 期；张世鹏：《论晚年恩格斯思想》，《科学社会主义》，2010 年第 3 期；高放：《恩格斯"政治遗嘱"百年八次争议》，《当代世界与社会主义》，2010 年第 5 期；吴家华：《恩格斯与第二国际修正主义关系的重新认识》，《安庆师范学院学报》（社会科学版），2005 年第 3 期；等等。
陈怡：《论恩格斯晚年思想中有关无产阶级革命策略的转变》，硕士学位论文，华东师范大学，2007；韩泽栋：《晚年恩格斯与第二国际对马克思主义的理解与发展》，硕士学位论文，河南大学，2008；包图布新：《恩格斯晚年无产阶级革命策略思想研究》，硕士学位论文，内蒙古师范大学，2013）；等等。

萍《第二国际初期恩格斯对马克思主义的丰富和发展》一文以理论与实践的关系为分析视角，细述第二国际成立初期，面对资本主义的新变化，恩格斯在理论上发展和完善了历史唯物主义，在实践上调整了无产阶级的革命斗争策略；实现了新形势下马克思主义理论与实践的辩证统一。王时中教授翻译的澳洲学者曼弗雷德·斯德戈在《恩格斯与德国修正主义的起源：另一种视角》一文中将恩格斯晚年对无产阶级斗争策略置于当时的社会政治环境中，指明这种调整是为了当时德国社民党的平稳发展而采取的明智手段，不应被冠以"修正主义"之名。张世鹏教授在《论恩格斯晚年思想》一文就指明了恩格斯晚年对马克思主义的发展与伯恩施坦对马克思主义的"修正"是有根本性的区别的。对此，高放教授在《恩格斯"政治遗嘱"百年八次争议》就强调作为恩格斯晚年遗嘱的《〈1848 年至 1850 年的法兰西阶级斗争〉导言》讨论了不放弃议会外非法武装斗争和充分利用议会民主采取合法斗争两种策略，但是这些策略的实际应用要以当时当地的历史条件为转移。

　　第二，有关"对第二国际时期资本主义新变化认识"的研究①主要涉及第二国际理论家对资本主义新变化的认识与对帝国主义不同解读的研究，如对伯恩施坦"资本主义适应论"、考茨基"超帝国主义论"、卢森堡"资本积累论"的研究，等等，以及第二国际理论家之间围绕对资本主义新变化不同看法的论战研究。例如，唐美丽和张保和教授在《考茨基和卢森堡对伯恩施坦"适应论"批驳的比较研究》通过论战的方式展示了考茨基、卢森堡与伯恩施坦对资本主义新变化的不同解读，

---

① 参见：姚顺良：《第二国际关于资本主义现代形态理论的当代审视——兼论列宁经典帝国主义理论的贡献和缺陷》，《南京师范大学学报》（哲学社会科学版），2007年第 1 期；吴恒、龚剑飞：《第二国际时代观的论争及其启示》，《江西社会科学》，2011 年第 12 期；唐美丽、张保和：《考茨基和卢森堡对伯恩施坦"适应论"批驳的比较研究》，《南昌大学学报》（人文社会科学版），2011 年第 1 期；贾淑品：《论考茨基和伯恩施坦关于资本主义及其发展趋势的路政》，《科学社会主义》，2012 年第 6 期；等等。
张保和：《布哈林帝国主义理论研究》，博士学位论文，南京师范大学，2011；付明：《第二国际理论家帝国主义理论研究》，博士学位论文，黑龙江大学，2014；徐春问：《霍布森的帝国主义理论研究》，硕士学位论文，河南大学，2009。

以及考茨基和卢森堡在批驳伯恩施坦"适应论"时的不同角度和不同方法；吴恒与龚剑飞在《第二国际时代观的论争及其启示》一文中勾勒出了以卢森堡"资本积累论"、考茨基"超帝国主义论"和伯恩施坦"修正主义论"为代表的三种时代观及其主要内容，并指出认清时代的发展趋势并把握时代主题的转换是提出无产阶级及其政党时代任务的基础。

第三，有关19世纪中后期西欧社会的新变化与第二国际的关系的研究与探讨①。主要探讨19世纪中后期西欧民族国家的建构、社会结构的变化、民主政治和政党政治的发展变化导致了西欧国家无产阶级革命策略的变化和第二国际的最终瓦解。

第四，有关"经济决定论"和俄国十月革命条件的研究②。主要集中探讨俄国十月革命如何得以可能的问题以及对此第二国际理论家所持的不同观点。例如北京大学的沙健孙教授在《列宁论俄国进行社会主义革命的时代和社会历史条件》一文中就认为，俄国十月革命在严密论证俄国十月革命的条件下对西欧将社会主义发展道理固定化的批驳，同时也划清了同"庸俗生产力论"的界限。李兴耕教授在《关于十月革命道路问题的若干思考》一文中指出，俄国十月社会主义革命是把马克思主义基本原理与时代特征和俄国具体实际相结合的产物。贾迎亮《第二国际著名人物论十月革命》大致展现了十月革命以后在第二国际内部右、中、左三派的不同观点。龚剑飞在《"西方马克思主义"对第

① 参见：石峰可：《19世纪中后期西欧民族国家的建构与第二国际的变迁》，《社会主义研究》，2014年第2期；徐燕林：《19世纪中后期欧洲民主政治的发展与第二国际的兴衰》，硕士学位论文，华中师范大学，2012；柯希进：《19世纪中后期西欧社会结构的变化与第二国际的变迁》，硕士学位论文，华中师范大学，2013；雷丽君：《19世纪中后期西欧政党政治的发展与第二国际的变迁研究》，硕士学位论文，华中师范大学，2013；黄婧：《19世纪中后期西欧民族国家的建构与第二国际的变迁研究》，硕士学位论文，华中师范大学，2013；

② 参见：沙健孙：《列宁论俄国进行社会主义革命的时代和社会历史条件》，《思想理论教育导刊》，2011年第4期；李兴耕《关于十月革命道路问题的若干思考》，《科学社会主义》，2007年第4期；贾迎亮：《第二国际著名人物论十月革命》，《青海师专学报》，2008年第5期；龚剑飞：《"西方马克思主义"对第二国际经济决定论的批判及启示》，《上海财经大学学报》，2013年第2期；等等。

二国际经济决定论的批判及启示》一文中，站在西方马克思主义者的立场上，指责第二国际时期以考茨基和伯恩施坦为代表的理论家是受"庸俗经济决定论"观点的禁锢，对西欧无产阶级革命产生了消极影响。

第五，有关"第二国际马克思主义理论家的理论争论"的研究①，如上海社会科学院聂大富的硕士学位论文研究了第二国际理论家围绕伯恩施坦问题的争论。中国社会科学院刘涛的硕士学位论文勾勒了列宁和考茨基围绕无产阶级专政问题的争论及其现实意义。

综上所述，我们可以看到：国外学者的研究为我们研究第二国际时期的理论争论与马克思主义的分野提供了大量的素材；国内学者对第二国际的研究基本上彰显了我国学界解放思想、实事求是的风尚。总体说来，这六十多年来我国学界对第二国际的研究是一个不断克服苏联影响并逐渐拓宽研究视角的过程。但是，不难看出，当前已有的关于第二国际的研究成果仍然存有一些缺憾。

1. "碎片化倾向严重"。当前国内关于第二国际的研究只是就有关第二国际的一些个别问题进行了说明，并赋予它现实意义。但却尚未意识到，这种脱离历史背景、在忽视"时代和实践为第二国际理论家所提出的问题"的前提下所做的研究，在某种程度上不仅无法达到对第二国际这一"历史传统"的深刻理解，而且也导致当前国内学界关于第二国际研究呈现出严重的"碎片化倾向"；因而，就某些问题的探讨就势必会有所欠缺、有失公允。

2. "整体性研究缺乏"。众所周知，第二国际的重要性主要是体现在其过渡性上；而且这一过渡性主要体现在马克思主义理论家就若干重大理论问题的争论上。但是，目前学界关于第二国际的研究多是将其视为一个孤立的阶段进行研究：在纵向上将其与之前——"经典马克思主义"或之后——"马克思之后的马克思主义"的环节割裂开来；在

---

① 参见：聂大富：《"修正派"与"正统派"之间一场未竟的辩论》，硕士学位论文，上海社会科学院，2012；刘涛：《考茨基与列宁无产阶级专政之争的再思考》，硕士学位论文，中国社会科学院，2014。

横向上忽视了各个理论家之间思想的交锋与互动。目前学界尚缺乏"结合当时的历史环境，对第二国际的理论争论进行整体上研究"。

3. 学界对第二国际争论的理论问题并没有给予持续的关注，这就造成了对当前存在的一些问题的研究完全缺乏历史感。特别是一些在今天还能反复表现出来的问题，没有回到第二国际理论家的"文本"本身对争论问题进行历史的、全面的研究，也没有给予有说服力的回答，给当前的研究带来了理论包袱。

本书就是上述认识不断提高的产物。本书试图从整体上对第二国际进行解读，将第二国际重新"嵌回"到"经典马克思主义"与"马克思之后的马克思主义"之间。一方面，注重挖掘能够凸显第二国际过渡意义的重要论题，回到马克思恩格斯和第二国际理论家的"文本"本身，客观、公正地描绘出围绕这些论题第二国际时期马克思主义理论家之间所进行横向争论，将各个理论家之间观点的"碰撞"与"交锋"如实展现。另一方面，本书也注重在"历史——现实"的发展脉络之间，对第二国际时期争论的若干问题给予持续的关注和解答。正本清源，返本开新。

三、研究立场与研究框架

（一）研究立场

本论文试图将第二国际史当作一个整体来加以考察。这个考察始自1889 年 7 月 14 日第二国际的成立，终止于 1923 年 5 月伯尔尼国际与第二个半国际的合并；民主社会主义与列宁主义最终在形式上也完成分化。同时，也表明本论文着眼考察第二国际工人运动所涉及的全部范围。长期以来，第二国际内部的争论主要是围绕社会主义的实现方式展开的。直到一战前，第二国际还保持着一个松散的组织结构。第一次世界大战结束了这种表面上的团结。

本论文研究的立场是，"我们在充分肯定列宁在创造性地发展马克思主义卓越成绩的同时，也不能忽视其他一些马克思主义理论家在宣传和普及马克思主义方面的成绩"①；他们对马克思主义的或"修正"、或"发展"促使我们思考马克思主义的理论精髓和精神实质；同时也使我们意识到只有与时俱进地发展马克思主义，才能更好地面向现实问题，创造性地建设中国特色社会主义。我们认为，伯恩施坦在理论上对马克思主义的"修正"及其日后在实践上逐渐形成的社会改良主义是"短视"的，然而它开启了对西欧实现社会主义方式的探索；以考茨基为代表的中派主义是德国半专制半民主社会现实的客观反映；但它总是"从国际无产阶级长远的共同利益的立场出发"对具体的政治实践问题做学理化处理，从而使马克思主义趋于僵化。以列宁和卢森堡为代表的左派，站在经济文化比较落后国家的立场上，对实现马克思主义的历史使命——无产阶级和全人类解放和发展进行了创造性探索。

（二）研究方法

本书的研究以唯物史观为指导，形成的分析框架是："对资本主义发展状况的分析（现状）——对社会主义实现方式的探索与调整（路径）——对未来共产主义社会的科学预测（目标）"。在研究时，注重以特定的历史环境为背景，考察"经典马克思主义"理论家随着资本主义发展的新变化对实现社会主义方式的认识与调整；解读在第二国际时期，面对资本主义新变化所提出的重大时代课题，马克思主义理论家在将马克思主义与文化传统不尽相同的各国现实相结合时，就"社会主义实现方式"问题所引起的相关理论争论与分歧，从争论中探求马克思主义的理论精髓和正确对待马克思主义的态度。

（1）文献研究法。第二国际的重大争论问题都通过第二国际思想家的著作、文稿与书信等反映出来。本书通过阅读大量马克思经典著作以及第二国际马克思主义理论家的相关文献，重视从原始的第一资料中去解读、概括、提炼和总结理论观点，并注意将其论述置于特定的历史环境中加以考究，从中寻找、凝练与总结第二国际理论家关于若干重大理论问题的论争。

---

① 殷叙彝：《第二国际研究》，中央编译出版社，1998，第733页。

（2）比较研究法。比较研究法是学习和研究马克思主义基本原理的重要方法。一种是横向比较；本书将通过对第二国际理论家就若干重大问题争论观点的分析比较，重现历史争论的原貌，揭示争论的实质。一种是纵向比较；毫无疑问，第二国际时期所争论的问题是对社会主义实现方式的积极探索，这一争论中所涉及的问题仍旧是我们今天所关心的课题。因此，在历史条件发生变化的背景下，对这些问题的持续关注和审慎回答也是十分必要的。这样以来，一方面，可以提高我们对于其他社会主义思潮、流派的洞察力；另一方面，也可以坚定我们走中国特色社会主义道路的信心。

（三）论文结构

论文由导论和六章构成。其逻辑顺序是：

导论部分主要阐明第二国际研究的重要性；综述本选题国内外研究已经取得的成就与存在的不足；论述本论文的研究方法与研究思路、创新与不足。

第一章主要阐释了第二国际之前，马克思恩格斯依据资本主义的经济政治现实及其发展变化对社会主义实现方式的认识与调整。第二、三、四、五章是本论文的主体部分，第二章主要介绍在恩格斯谢世后，围绕"如何将马克思主义更好地应用于现实，探索社会主义实现方式"这一时代课题，在第二国际内部形成的三种理论及其主要观点。第三、四、五章详细描绘了第二国际时期马克思主义理论家之间的理论争论。这主要是缘于他们在三个主要论题上的不同见解。这三个论题分别是：如何看待当前资本主义新形态——帝国主义；实现社会主义的方式之争，和平改良还是暴力革命；俄国十月社会主义革命何以可能。这四章的撰写详略得当，是按照历史与逻辑相统一的方法展开论述的。

第六章论述争论的结果与启示。争论的直接结果是马克思主义的分枝演进：在西方，民主社会主义在实践中通过民主改良继续探索替代现实社会主义的方案，并且引发了西方马克思主义者在理论上对一战后欧洲资本主义先进地区无产阶级革命失败原因的哲学反思，而后者逐渐在与欧洲工人实践相分离的情况下将其焦点固定在资本主义工业文明的弊端批判和文化批判上；在东方，社会主义的发展沿着列宁主义所开辟的道路由一国实践变成多国实践，经历曲折发展后，社会主义的发展在中国实现了新的历史性飞跃，开创了中国特色社会主义和经济文化落后国家建设社会主义的多样性局面。

社会主义的实现方式是多样性的：一方面要密切关注资本主义的新变化，继续探索实现社会主义的可能方式；另一方面要积极肯定经济文化落后国家建设社会主义的多样性。这就要求我们必须从整体上把握马克思主义、坚持马克思主义基本原理；立足本国实际、与时俱进地推进马克思主义的发展。

四、本书主要观点与难点

本书的论述是沿着两条纵横交织的线索展开的。一条是各理论家之间就若干相关理论问题进行争论的横向应答；一条是"历史争论问题——现实问题"之间的纵向应答。

（1）作为科学的世界观和方法论的唯物史观；马克思主义对资本主义社会的彻底批判精神和在此基础上对无产阶级乃至全人类解放和发展的深切关怀；等等，是构成马克思主义理论的合理内核，是不能被放弃和改变的，这些是马克思主义得以时代化①的重要基础；但是，在涉及马克思主义对于资本主义情势的判断、无产阶级革命斗争策略或在不

---

① 中共中央党校的牛先锋教授在《论马克思主义的时代性与时代化》一文中指出：任何理论都有时代性，马克思主义的时代性体现在对所处时代特征的正确把握。马克思主义不仅充分肯定了这个时代的历史进步性，而且深刻剖析了时代问题，准确把握了资本主义的主要矛盾。但是，囿于历史条件的限制，马克思恩格斯低估了资本主义自我调节和修复的能力，作出了资本主义就要灭亡的乐观判断；在关于无产阶级革命和进程等问题上的看法也存在着局限性。但是马克思主义却有时代化的可能性，这是由于：第一，马克思主义具有彻底的批判精神，理论所揭示的问题并没有从根本上得到解决，相反在新的历史条件下又以相似或改头换面的形式呈现出来，过去理论对现实问题依然有说服力、解释力，解决问题的方法和措施还有价值；第二，理论具有对未来的预测性，并且在新的时代为既定的预测目标创造了更有力的实现条件，甚至部分预测得到验证，事物正向理论预测的趋势演进。第三，理论揭示了事物发展的内在规律，为人们进一步研究提供了科学的方法论，对指导新问题的解决有重要的价值。

同的文化传统下实现社会主义的方式，是可以根据现实实践不断发展而变化调整的。也就是说，我们在考察马克思主义时，不能孤立地纠缠于其某些固定结论，而是要从他为实现包括工人阶级在内的全人类的解放和发展的需要所提供的分析方法中，把握马克思主义的统一性和整体性；在历史变迁中实现社会主义。

（2）在马克思主义从理论到现实的过程中需要有两种考量：一方面，马克思主义是时代性和时代化统一，马克思主义只有随着时代条件的变化不断发展才能更好地指导现实并实现自己的新生；另一方面，文化传统在马克思主义从理论走向现实的过程中起着至关重要的作用，正是文化传统的差异导致了马克思主义面向现实问题时所出现的"变异"与多样性。在现实的生活中，这双重考量并不是截然完全分离的，而是相互交织地成为马克思主义面向现实问题的重要考量。对这两种考量的深入解读将有助于增强中国特色社会主义的道路自信，面向中国实际问题并以更加开放、包容的心态积极推进马克思主义时代化的进程。

（3）第二国际是一个复杂的历史传统。正是通过对第二国际这一历史传统的回顾和研究，我们发现，第二国际马克思主义向我们提供了一套可供借鉴的考察当今世界社会主义发展状况的研究范式。这一传统促使我们思考：当马克思主义面对变化了的历史条件并与文化传统不尽相同的各国实践相结合时，马克思主义者在实现社会主义的长期的历史过程中所应该考量的若干基本问题，这对于观察 21 世纪社会主义的动向有重要的现实意义。这些基本问题包括：考察"当今资本主义世界的新变化"并在此基础上继续探讨"实现社会主义的可能方式"、继续关注"落后国家建设社会主义问题中的经济建设和民主政治建设问题"、积极肯定经济文化落后国家建设社会主义的多样性并注重"当今社会主义国家对资本主义国家的示范和引导作用"，关注当代西方马克思主义的最新研究；等等。

本研究的难点与不足：

1. 有关国外对于第二国际研究的资料占有不充分。参考资料多以国内翻译过来的一手资料为主，对于国外有关第二国际研究的资料搜集不充足；虽然研究的视角不同，但是，毋庸置疑的是，更多有价值的国外资料将助于本论文认识的深化。

2. 对无产阶级斗争策略的调整或社会主义实现方式的选择主要是建立在对资本主义新变化的经济分析基础之上的。由于专业限制，本论文在研究时尽量避免太过深入地从经济学的角度阐述第二国际时期的有关理论争论。

第一章

马克思恩格斯对社会主义实现方式的认识

马克思主义唯物史观认为，社会发展的历史是一部自然的历史，社会主义必然将代替资本主义。然而，由一种社会形态向高一种社会形态的演进呈现出什么样的方式，这要取决于当时的历史条件。探讨社会主义代替资本主义的实现方式，是马克思主义的重要内容。也正是集中在对马克思主义关于社会主义实现方式认识上的不同，才出现了第二国际时期的理论纷争。

第一节　无产阶级革命运动是实现社会主义的必要途径

马克思主义是关于人的解放和自由全面发展的科学理论体系。它是马克思和恩格斯适应时代发展和无产阶级斗争需要，在批判性地继承德国古典哲学、英国古典政治经济学、法国和英国空想社会主义的基础上对 19 世纪西欧社会问题的理性思考与审慎解答。正如《共产党宣言》所阐释的那样："每一历史时代的经济生产以及必然由此产生的社会结构，是该时代政治的和精神的历史的基础"[①]；人类生产其生活资料的

---

① 马克思，恩格斯：《马克思恩格斯文集》第 2 卷，人民出版社，2009，第 9 页。

方式决定了人类社会、政治和精神的全部生活。生产关系一定要适应生产力发展状况的规律是人类社会发展遵循的最基本规律。因此，"（从原始土地公有制解体以来）全部历史都是阶级斗争的历史，即社会发展各个阶段上被剥削阶级和剥削阶级之间，被统治阶级和统治阶级之间斗争的历史"①；阶级斗争是阶级社会发展的直接动力。在人类社会发展的一定阶段，生产力的发展会超过生产关系。这时，旧的生产关系就会成为比较发达的生产力的桎梏。这就导致了阶级斗争的空前激化，社会革命不可避免。这是贯穿整个马克思主义理论的基本思想。

据此，马克思和恩格斯将人类社会历史划分为依次更替的五种社会形态：部落所有制、古典古代的公社所有制和国家所有制、封建的或等级的所有制、资本主义所有制和共产主义所有制；这些社会形态更替的实质正是基于生产力发展基础之上的生产关系特别是生产资料所有制的更替。生产力只有在现存生产关系下发挥到最充分的程度，旧的社会形态才会灭亡。资产阶级生产关系是造成社会分裂的最后一种生产关系。这种生产关系一崩溃，人类社会的史前史也就宣告结束。这是因为，资本主义社会使整个社会日益分裂为两大对立阵营，资产阶级和无产阶级。资本主义工业化的发展在极大地改变人类生存生活的方式的同时，造成了资产阶级的贪婪、功利和卑鄙与无产阶级的赤贫化；无产阶级的这种历史地位和社会地位决定了它必然成为资本主义私有制的掘墓人。资产阶级将随着社会革命时期的到来而崩溃；无产阶级将在革命中崛起，共产党及其领导的无产阶级革命运动将推翻资产阶级的政治统治，由无产阶级夺取政权并通过无产阶级专政消灭私有制，建立一个无阶级和阶级对立的共产主义社会。

通过上述对于马克思主义基本原理的一般勾勒，我们可以看出：共产党及其领导的无产阶级革命运动是无产阶级反对资产阶级、争取人类解放和实现共产主义的必要途径。然而，特别需要指出的是，共产党及其领导的无产阶级革命运动即无产阶级实现社会主义的具体方式是与特

---

① 马克思，恩格斯：《马克思恩格斯文集》第2卷，人民出版社，2009，第9页。

定的历史发展阶段密不可分的。1885 年 4 月，恩格斯在《致维拉·伊万诺夫娜·查苏里奇》的信中指出，"在我看来，马克思的历史理论是任何坚定不移和始终一贯的革命策略的基本条件；为了找到这种策略，需要的只是把这一理论应用于本国的经济条件和政治条件。"① 在经典马克思主义理论中，马克思和恩格斯就是这么做的。作为马克思主义历史研究方法论的唯物史观，是马克思和恩格斯依据不断变化的资本主义经济政治现实制定社会主义实现方式的出发点。

第二节　实现社会主义的两种选择方式

无产阶级的暴力革命理论是针对资本主义制度早期自身的发展状况和种种弊端而产生的科学而严密的解放理论。然而，资本主义的经济发展状况和民主制度有一个自我调整、完善和发展的过程；因而实现社会主义的方式也应随之不断调整。在经典马克思主义理论中，马克思恩格斯提出了两种实现社会主义的方式：暴力革命与和平过渡；暴力革命是实现社会主义的一般原则。

一、暴力革命

正如恩格斯在《自然辩证法》中所指出的，"17 世纪和 18 世纪从事创造蒸汽机的人们也没有料到，他们所造成的工具，比其他任何东西都更会使全世界的社会状况革命化，特别是在欧洲，由于财富集中在少数人手中，而绝大多数人则一无所有，起初是资产阶级获得了社会的和政治的统治，而后就是资产阶级和无产阶级之间发生阶级斗争，这一阶级斗争，只能以资产阶级的崩溃和一切阶级对立的消灭而告终。"② 也就是说，19 世纪上半叶，整个欧洲工人运动的高潮主要源于工业革命

---

① 马克思，恩格斯：《马克思恩格斯文集》第 10 卷，人民出版社，2009，第 532 页。

② 马克思，恩格斯：《马克思恩格斯全集》第 20 卷，人民出版社，1971，第 520 页。

带来的资本主义生产关系和生产方式的迅猛发展和随之而来的社会两极
分化。资本主义基本矛盾已经暴露，资本阶级与无产阶级之间的斗争开
始尖锐，于是掀起了此起彼伏的工人运动高潮。需要指出的是，这一阶
级矛盾的尖锐化是与资本主义早期发展的不完备状况密切联系的。与此
同时，伴随着资本主义的经济发展的是资本主义民主政治尚不健全，寡
头政治使得工人阶级还没有合法的渠道表达自己的诉求、维护自己的利
益。因此，就当时的经济政治条件而言，马克思恩格斯曾认为暴力的民
主的革命将是实现无产阶级利益和彻底解放的唯一方式；而且恩格斯更
是断言，"不久的将来，一个小小的推动力就足以引起山崩地裂"①，只
要通过一两次打击，就足以使资本主义社会崩溃。

　　1846 年，恩格斯在《致布鲁塞尔共产主义通讯委员会》的第三封
信中澄明了暴力革命的必要性。他规定共产主义者的宗旨如下，"（1）
维护同资产阶级利益相反的无产阶级的利益；（2）用消灭私有制而代
之以财产共有的手段来实现这一点；（3）除了进行暴力的民主的革命
以外，不承认有实现这些目的的其他手段。"② 1847 年，恩格斯在他撰
写的《共产主义原理》一文中指出，他并不反对用和平的办法来废除
私有制，甚至很清楚"密谋"不但无益，甚至有害。但是，"几乎所有
文明国家的无产阶级的发展都受到暴力压制，因而，是共产主义者的敌
人用尽一切力量引起革命"③。再加上，由于在当时的历史形势下，还
尚不具备分析资本主义自我调节和自我修复能力的条件，暴力革命就成
为实现无产阶级利益和彻底解放的唯一方式。因此，在《共产党宣言》
中，马克思恩格斯表明："共产党人不屑于隐藏自己的观点和意图。他
们公开宣布：他们的目的只有用暴力推翻全部现存的社会制度才能
达到。"④

　　1848 年欧洲革命失败。通过对 1848 年欧洲革命经验的总结，马克

---

① 马克思，恩格斯：《马克思恩格斯文集》第 1 卷，人民出版社，2009，第 498 页。
② 马克思，恩格斯：《马克思恩格斯全集》第 27 卷，人民出版社，1972，第 71 页。
③ 马克思，恩格斯：《马克思恩格斯文集》第 1 卷，人民出版社，2009，第 685 页。
④ 马克思，恩格斯：《马克思恩格斯文集》第 2 卷，人民出版社，2009，第 66 页。

思恩格斯一方面对无产阶级的革命策略有了进一步的思考，将无产阶级革命和有关无产阶级专政理论推到了一个新的历史阶段；另一方面，马克思逐渐意识到，"在普遍繁荣的情况下，即在资产阶级社会的生产力正以在整个资产阶级关系范围内所能达到的速度蓬勃发展的时候，也就谈不上真正的革命。只有在现代生产力和资产阶级生产方式这两个要素相互矛盾的时候，这种革命才有可能。"① 之后，通过研究经济史马克思发现资本主义所表现出来的"适应性"，并在 1859 年提出了"两个决不会"② 的经典论断。这一时期，马克思恩格斯主要在《1848 年至 1850 年的法兰西阶级斗争》、《中央委员会告共产主义者同盟书》、《路易·波拿巴的雾月十八日》、《德国农民战争》、《德国革命和反革命》等著作中发展和深化了关于无产阶级革命和无产阶级专政思想。

在《共产党宣言》中，马克思恩格斯只是提出了无产阶级用暴力推翻资产阶级统治进而以统治阶级的资格用暴力消灭旧的生产关系的思想，尚未明确提出无产阶级专政的科学概念。马克思提出，"工人阶级的第一步就是使无产阶级上升为统治阶级，争得民主。"③ 在《1848 年至 1850 年的法兰西阶级斗争》中，马克思在总结法国 1848—1849 年无产阶级对资产阶级斗争的失败经验时，发展了"不断革命"的思想并首次提出"无产阶级专政"这一概念。马克思指出，"无产阶级要在资产阶级共和国范围内稍微改善一下自己的处境只是一种空想，这种空想只要企图加以实现，就会成为罪行。"④ 因此，无产阶级的战斗口号应该是："推翻资产阶级！工人阶级专政！"⑤ 马克思划清了革命社会主义与各种空论的社会主义的界限，并指出，革命社会主义就是宣布"不断革命"，就是无产阶级专政。"不断革命论"作为无产阶级的战斗口

---

① 马克思，恩格斯：《马克思恩格斯文集》第 2 卷，人民出版社，2009，第 176 页。
② 在 1859 年《〈政治经济学批判〉序言》中，马克思曾做出"两个决不会"的经典论述，即"无论哪一个社会形态，在它所能容纳的全部生产力发挥出来以前，是决不会灭亡的；而新的更高的生产关系，在它的物质存在条件在旧社会的胎胞里成熟以前，是决不会出现的。"
③ 马克思，恩格斯：《马克思恩格斯文集》第 2 卷，人民出版社，2009，第 52 页。
④ 马克思，恩格斯：《马克思恩格斯文集》第 2 卷，人民出版社，2009，第 103 页。
⑤ 马克思，恩格斯：《马克思恩格斯文集》第 2 卷，人民出版社，2009，第 104 页。

号，就是要求无产阶级政党要将资产阶级民主革命进行到底，过渡到社会主义革命；然后通过无产阶级专政这一过渡阶段"达到消灭一切阶级差别，达到消灭这些差别所由产生的一切生产关系，达到消灭和这些生产关系相适应的一切社会关系，达到改变由这些社会关系产生出来的一切观念"①。

在《路易·波拿巴的雾月十八日》中，马克思结合对法国 1848 年革命经验和 1851 年 12 月 2 日路易·波拿巴政变的总结，对法国资产阶级国家机器进行了完备的考察，指明无产阶级必须彻底打碎资产阶级的国家机器，无产阶级所需的是完全不同于资产阶级国家的代表无产阶级根本利益的政权。之后，1852 年 3 月 5 日，马克思在《在致约·魏德迈》的信中对阶级斗争学说和无产阶级专政理论进行了完备的表述。马克思说，"……至于讲到我，无论是发现现代社会中有阶级存在或发现各阶级间的斗争，都不是我的功劳。在我以前很久，资产阶级历史编纂学家就已经叙述过阶级斗争的历史发展，资产阶级经济学家也已经对各个阶级作过经济上的分析。我所加上的新内容就是证明了下列几点：（1）阶级的存在仅仅同生产发展的一定历史阶段相联系；（2）阶级斗争必然导致无产阶级专政；（3）这个专政不过是达到消灭一切阶级和进入无阶级社会的过渡……"② 阶级是生产力发展到一定历史阶段，伴随着分工和私有制的产生而产生的。在阶级社会里，生产力和生产关系、经济基础和上层建筑的矛盾发展必然要通过阶级斗争的形式解决，进而直接推动社会向前发展。在现代社会，无产阶级反对资产阶级的阶级斗争是人类社会史上阶级斗争发展的最高阶段，这一斗争必然导致无产阶级专政。而这个专政不过是达到消灭一切阶级和进入无阶级社会的过渡。

由此可见，"暴力革命"方式和通过无产阶级专政达到消灭阶级的目的是马克思恩格斯基于资本主义早期发展的种种弊端，深刻总结1848 年欧洲革命经验而提出的核心观点。

---

① 马克思，恩格斯：《马克思恩格斯文集》第 2 卷，人民出版社，2009，第 166 页。
② 马克思，恩格斯：《马克思恩格斯文集》第 10 卷，人民出版社，2009，第 106 页。

二、和平过渡

到了 19 世纪 70 年代，资本主义开始由自由竞争向垄断阶段过渡。伴随着欧洲资本主义的繁荣发展和资产阶级民主的日益发展，以普选制为基础的代议制在主要资本主义国家相继确立。例如，在英国，经历了 1832 年和 1867 年的议会改革之后，民主政体和议会制度得以巩固；在法国，1870 年法兰西第三共和国建立；在德国，1871 年完成统一后，议会制度重新被启用。因此，随着资本主义在一定程度上的自我调整和民主政治的确立，马克思恩格斯开始对无产阶级的斗争策略与实现社会主义的方式进行反思。

1871 年 3 月 18 日，法国巴黎工人阶级举行武装起义，建立了工人阶级的政权——巴黎公社；同年 7 月 3 日，巴黎公社遭镇压。不久，马克思恩格斯就开始了对巴黎公社革命经验的科学总结。他们认为无产阶级解放所必须的物质条件是在资本主义生产发展过程中自发地产生的；并指出在欧美这样议会民主制最发达的国家无产阶级可能通过和平手段达到自己的目的，开始对无产阶级实现社会主义的方式进行反思。1871年马克思在《同"世界报"记者谈话的纪录》中谈到：工人阶级夺取政权的目的是为了实现经济解放；然而，我们的目的应当要广泛到能包括工人阶级的一切活动；"如果赋予这些活动以特殊的性质，就意味着使它们只合乎一个民族的工人的需要"，我们没有规定政治运动的固定形式，它只要求工人阶级的运动朝向一个目标；"在世界上的每一个地区，我们的任务都能以某种特殊的方面体现出来，那里的工人用它们自己的方式去完成这一任务"；"在新堡和巴塞罗那，在伦敦和柏林，工人的组织不可能在一切细枝末节上都是完全一样的；在英国，工人阶级面前就敞开着表现自己政治力量的道路。凡是利用和平宣传能更快更可靠地达到这一目的的地方，举行起义就是不明智的；在法国，层出不穷的迫害法令以及阶级之间你死我活的对抗，看来将使社会战争这种暴力结局成为不可避免"①，各个国家的工人阶级应该自主选择用什么方式来达到目的。

1872 年，马克思和恩格斯在为《共产党宣言》所写的德文版序言里指出，"由于最近 25 年以来大工业已经有了巨大发展而工人阶级的组织也跟着有了改进和增长，……所以这些纲领现在有些地方已经过时了。特别是公社已经证明，'工人阶级不能简单地掌握国际机器，并运用它来达到自己的目的'。"② 后来，在 1872 年 9 月的阿姆斯特丹群众代表大会上，马克思指出，"工人总有一天必须夺取政权，以便建立新的劳动组织。……但是我们并没有断言，为了达到这一目的，到处都应该采取同样的方式。我们知道，必须考虑到各国的制度、风俗和传统；我们也不否认，有些国家，像美国、英国——如果我对你们的制度有更好了解，也许还可以加上荷兰，——工人可能用和平手段达到自己的目的。但是，即是如此，我们必须承认，在大陆上的大多数国家中，暴力应当是我们革命的杠杆；为了最终地建立劳动的统治，总有一天正是必须采取暴力。"③ 同时，针对爱森那赫派理论上向拉萨尔机会主义的让步，1875 年，马克思在《哥达纲领批判》中，又强调了无产阶级专政的历史必然性，并进一步指出，从资本主义社会到共产主义社会之间的整个历史时期的国家，只能是无产阶级专政。"……在资本主义社会和共产主义社会之间，有一个从前者变为后者的革命转变时期。同这个时期相适应的也有一个政治上的过渡时期，这个时期的国家只能是无产阶级的革命专政。"④

由此可见，马克思恩格斯关于社会主义实现方式的认识基本上是 19 世纪中后期欧洲资本主义国家状况的产物。在 1848 年欧洲革命前后，马克思恩格斯对德国革命的设想是：工人阶级作为左翼参加资产阶级民主革命，把这一革命进行到底并转向社会主义革命，当然要采取暴

---

① 马克思，恩格斯：《马克思恩格斯全集》第 17 卷，人民出版社，1963，第 683 页。
② 马克思，恩格斯：《马克思恩格斯选集》第 1 卷，人民出版社，2012，第 249 页。
③ 马克思，恩格斯：《马克思恩格斯全集》第 18 卷，人民出版社，1964，第 179 页。
④ 马克思，恩格斯：《马克思恩格斯文集》第 3 卷，人民出版社，2009，第 445 页。

力手段，这是由资本主义制度的种种弊端和与生俱来的自身局限性所决定的。后来，马克思和恩格斯也承认他们过高地估计革命胜利的可能性和速度。这是因为随着资本主义的发展，它自身会有一个不断调整、完善和发展的过程；在资本主义发展的过程中也就谈不上真正的革命。因此，面对资本主义历史现实的新变化，尤其是资本主义政治制度的不断完善，在 1871 年巴黎公社失败以后，马克思恩格斯开始摒弃少数人举行突然袭击的暴力革命方式，并开始公开谈论在议会民主制发达国家实行和平过渡的可能性。但是，工人阶级通过暴力革命的方式夺取政权仍是一般原则。

第三节　恩格斯晚年的思考

肇始于 19 世纪晚期，到 20 世纪 30 年代，即二战前后告一段落的第二次工业革命给国际工人运动的发展带来了新的变化。然而，这些变化不仅源于第二次工业革命所产生的经济条件，而且源于更广泛的政治、社会和文化环境。这就为在新的时代条件下继续探索社会主义的实现方式提出了挑战。因此，恩格斯晚年一方面对资本主义的新特点和新趋势做出解读；另一方面，依据德国社会民主党利用议会民主合法斗争所取得的成就，主张"在承诺绝不放弃革命斗争的前提下，利用普选权开展合法化斗争"；表明暴力革命还是和平过渡要依时势而定。

一、恩格斯晚年资本主义的新变化

1870 年以后，随着第二次工业革命在技术上的广泛深入，民族国家的相继建立，到了 19 世纪 80 年代，英国、法国和德国都相继完成了工业革命，资本主义开始转入一个相对平稳的垄断发展时期，到 19 世纪 90 年代以后，这种趋势更为明显。恩格斯晚年深入分析了资本主义发展过程中的新特点和新趋势，并将这看作是"资本主义生产方式在资本主义生产方式本身范围内的扬弃"，这种扬弃"明显地表现为通向一种新的生产形式的单纯过渡点"①。恩格斯指出，由于生产力的迅猛发展，生产社会化的趋势日益增强；资本和生产的集中，信用制度的发展大大地加速了生产力的物质上的发展和世界市场的形成，迫使自由竞争的资本主义生产方式必将过渡到联合的生产方式。这必然导致垄断组织，诸如卡特尔、托拉斯等的出现。但是，垄断组织的出现并没有改变生产社会化和生产资料私人占有之间的矛盾，它只是规定生产、分配和销售计划，调节价格和利润；但是它的出现一方面催生了殖民地的开拓和帝国主义的产生，如，恩格斯曾说，"欧洲列强为了交易所的利益在几年前就把非洲瓜分了"②。另一方面也为未来社会主义创造了必要的物质基础。可以说，新的工业革命不仅给资本主义的经济发展带来了很大的扩展能力，而且带来了资本主义生产关系的变革，资本主义从自由竞争阶段进入到了以对内垄断、对外扩张、大国军事竞争为特征的帝国主义阶段。由于新技术的革新：利润率提高、资本积累增长，资产阶级采取了更加隐蔽的剥削方式，工人阶级生活状况得到改善。资本主义的进一步发展暂缓了其基本矛盾。

同时，政治上欧洲各国的资产阶级民主制度趋于完善。这同马克思所说的暴力革命时期有着明显的区别。例如，德国到1871年宣布完成统一，建立了新的国家基础，实行了普遍选举权、结社自由和一些劳动保护的法律，议会制度改变了工人阶级斗争的条件。再加上长达十二年之久的反社会党人非常法③的实施，由此，面对资本主义社会新的经济现实和政治现实，工人运动在议会斗争方面取得了长足的发展，"弄得资产阶级和政府害怕选举成就更甚于害怕起义成就"④。到了1890年，德国社会民主党所得的选票已经从1871年的102000张增长到1787000张。此外，新式武器的出现与铁路的使用使得筑垒巷战大为过时。因

---

① 马克思，恩格斯：《马克思恩格斯文集》第7卷，人民出版社，2009，第497页。

② 马克思，恩格斯：《马克思恩格斯文集》第7卷，人民出版社，2009，第1030页

③ 1878年10月19日，由德国帝国国会通过的旨在禁止在德国日益蓬勃发展的社会主义运动的法律。有效期最初为3年，后4次延长，1890年9月30日最后期满失效。

④ 马克思，恩格斯：《马克思恩格斯文集》第4卷，人民出版社，2009，第545页。

此，恩格斯认为，资本主义在一定时期内仍有比较广阔的发展余地，这势必会影响无产阶级实现社会主义的方式和策略。他在 1884 年 11 月 8 日《致卡尔·考茨基》的信中指出，"资产阶级的即资本主义的发展证明自己比革命的反抗更有力量；再要反对资本主义生产，就需要新的更强大的推动力"①。

二、暴力革命还是和平过渡要因时势而定

面对资本主义社会经济的新变化和民主政治日趋完善的现实，恩格斯着手对社会主义的实现方式作了重大调整。

首先，恩格斯对 1848 年欧洲革命时期无产阶级实现社会主义的方式做出了反思。1892 年 11 月 3 日，恩格斯在写给拉法格的信中说："街垒和巷战的时代已经一去不复返了；如果军队作战，进行抵抗就是发疯。因此，必须制定一个新的革命策略。一个时期以来，我一直在考虑这个问题。但是还拿不出一个定见。"② 尔后，恩格斯在 1895 年为马克思《1848 年至 1850 年法兰西阶级斗争》一书所做的导言中反思到："历史表明我们也曾经错了，暴露出我们当时的看法只是一个幻想。历史走得更远：它不仅打破了我们当时的错误看法，并且还完全改变了无产阶级进行斗争的条件。1848 年的斗争方法，今天在一切方面都已经过时了，……历史清楚地表明，当时欧洲大陆经济发展的状况还远没有成熟到可以铲除资本主义生产的程度，……实行突然袭击的时代，由自觉的少数人带领着不自觉的群众实现革命的时代，已经过去。"③

其次，结合资本主义的新变化，恩格斯阐述了无产阶级实现社会主义的新方式。1889 年，恩格斯就在《致格尔松·特里尔》一文中指出，"无产阶级不通过暴力革命就不可能夺取自己的政治统治，即通往新社会的唯一大门，在这一点上，我们的意见是一致的。……可是，这并不

---

① 马克思，恩格斯：《马克思恩格斯文集》第 10 卷，人民出版社，2009，第 526 页
② 马克思，恩格斯：《马克思恩格斯全集》第 38 卷，人民出版社，1972，第 505 页。
③ 马克思，恩格斯：《马克思恩格斯文集》第 4 卷，人民出版社，2009，第 540、549 页。

是说，这一政党不能暂时利用其他政党来达到自己的目的。……我只是在下列情况下才赞成这样做：对我们的直接的好处或对国家朝着经济革命和政治革命的方向前进的历史发展的好处无可争辩的、值得争取的。……我认为这里原本只是策略问题。但是策略问题上的错误在一定情况下也能够导致破坏规则。"① 又如，在《1891 年社会民主党纲领草案批判》中恩格斯设想，"可以设想，在人民代议机关把一切权力集中在自己手里、只要取得大多数人民的支持就能够按照宪法随意办事的国家里，旧社会有可能和平长入新社会，比如在法国和美国那样的民主共和国，在英国那样的君主国。但是在德国，政府几乎有无上的权力，帝国国会及其他一切代议机关毫无实权，因此，在德国宣布某种类似的做法，而且在没有任何必要的情况下宣布这种做法，就是揭去专制制度的遮羞布，自己去遮盖那赤裸裸的东西。"②

因此，恩格斯新的斗争方式主要表现为：在承诺绝不放弃革命斗争的前提下，主张利用普选权开展合法化斗争，利用选举权这一新的"解放的工具"，促使无产阶级自身力量增长到超出现行统治制度的控制能力并使其得以保存到决战那天。即充分利用议会外非法武装斗争和议会民主合法斗争两种方式。恩格斯认为，对于我这个革命者来说，一切达到"促使工人阶级政党掌握政权"的手段都是可以使用的，不论是强硬的，还是看起来温和的。但是，所有这一切必须有两个前提，一方面，党的无产阶级性质不致因此发生问题；另一方面，资产阶级也必须在宪法的范围内活动，否则社会民主党就能放开手脚，举行起义。恩格斯说，现在无产阶级的斗争形势已经到了"不能以一次重大的打击取得胜利"来实现社会改造的时候，因而不得不采取"慢慢向前推进，在严酷顽强的斗争中夺取一个一个的阵地"③ 的斗争策略；如果说有什么是毋庸置疑的，那就是，"民主共和国甚至是无产阶级专政的特殊

---

① 马克思，恩格斯：《马克思恩格斯文集》第 10 卷，人民出版社，2009，第 578～579 页。
② 马克思，恩格斯：《马克思恩格斯选集》第 4 卷，人民出版社，1995，第 411 页。
③ 马克思，恩格斯：《马克思恩格斯文集》第 4 卷，人民出版社，2009，第 541 页。

形式。"①

　　恩格斯对无产阶级实现社会主义方式的调整表明，在现阶段，无产阶级拥有着比 19 世纪中期更为优越的经济的、民主的和道德的反抗武器；恩格斯说，"合法性在如此出色地为我们效劳，如果这种状况延续下去，而我们却要破坏合法性，那我们就是傻瓜"②。合法斗争并不意味着马克思主义基本原理的改变，这只是在新的历史形势下，在那些有着某种程度的民主制度的国家中，无产阶级可以利用普选权公开表达自己的要求。不可否认，在为工人政党的斗争方式进行调整并为它在资产阶级国家里规定活动范围的时候，马克思和恩格斯为民主社会主义打开了道路，不过，后者很快就违背了马克思主义，超出了马克思主义在议会活动方面所规定的范围。

　　"马克思主义从来是主张无产阶级在资本主义社会内部应当利用一切可能性参加政治斗争（包括议会斗争）的，这是马克思主义和无政府主义的一个重要分歧。"③ 马克思认为，不管在什么条件下，无产阶级在斗争中将不会失去什么。除此之外，无产阶级必须由一个遵守无可指责的科学纪律的政党来领导，这个政党绝不允许在学说上发生任何离经叛道的现象：决不放弃无产阶级夺取政权、将全部生产资料转归社会所有的根本目标；可是在日常斗争中，它又必须善于妥协、后退和服从处于策略考虑的联盟：因此，这个政党既不回避选举活动，也不放弃议会斗争；这方式，无论是和平的、还是暴力的都是服务于革命目的的；"对于每个国家来说，能够最快、最有把握地实现目标的策略，就是最好的策略"④。显然，在马克思和恩格斯的思想中，这一和平过渡不应该导致机会主义；议会斗争本身不是目的，它只有在世界革命的前景下才有意义。

---

① 　马克思，恩格斯：《马克思恩格斯选集》第 4 卷，人民出版社，1995，第 412 页。
② 　马克思，恩格斯：《马克思恩格斯文集》第 4 卷，人民出版社，2009，第 430 页。
③ 　殷叙彝：《这是恩格斯的政治遗嘱吗？——恩格斯：卡·马克思〈1848 年至 1850 年的法兰西阶级斗争〉一书导言》发表前前后后，《红旗文稿》，2008 年第 14 期。
④ 　马克思，恩格斯：《马克思恩格斯全集》第 39 卷，人民出版社，1974，第 47～48 页。

第二章

第二国际时期激荡着的三种理论

19世纪末20世纪初，自由资本主义相继过渡到垄断发展时期。在第二国际内部，由于它所包含的各个国家生活在完全不同的政治、经济、文化、思想背景中，因此，在将马克思主义与各国实际相结合时，就必然会围绕"如何看待资本主义新变化"以及在此基础上"探索适合自身实际的实现社会主义方式"的问题形成争论与分歧。这种分歧集中表现为三种理论的形成（尤其与政治倾向结合后）。盖源于此，在第二国际时期，马克思主义内部三种理论的形成与交锋以及由此而引发的民主社会主义和列宁主义的分野，以第一次世界大战为突破口，最终导致了第二国际的瓦解。这种分野本身彰显出马克思主义理论家在历史时代变化的背景下为各自文化传统所面临的一些"主要难题"所提供的暂时解决方案；它标志着各自寻求适合自身发展道路的开始。

第一节　走议会道路的伯恩施坦主义

恩格斯1893年5月11日在对法国《费加罗报》记者的谈话中说道，"我们党担任起掌握国家管理的使命的时候已经不远，……请您看一看从我们开始议会斗争以来，我们拥护者的人数吧，它随着每一次选举不断增长。"① 确实，随着议会斗争的开展和取得的成就，德国社会民主党在"反社会党人非常法"取消之后，逐渐从革命政党转变为议会政党。与此同时，在各国社会民主党和工会的领导机构中，出现了一批迷恋合法斗争，幻想在资本主义制度下通过点滴改良逐步实现社会主义的理论家。伯恩施坦就是这一代表人物。伯恩施坦主义是第二国际工人运动中社会改良主义在德国社会民主党内的完备表现。当时，身处英国的伯恩施坦觉察到了资本主义的新发展，开始对马克思主义的全盘"修正"，其实质是试图让马克思主义在理论上与社会民主党的现实实践相匹配。毫无疑问，伯恩施坦是"短视"的，但是他提出的问题促使我们思考，并开启了在新的时代条件下对西欧实现社会主义方式的探索。

马克思主义经典作家在原则上从来不反对社会改良活动，但是坚决反对放弃暴力革命和无产阶级专政、将社会改良当作唯一手段的社会改良主义。19 世纪末 20 世纪初，德国社会民主党在实质上已经逐渐成为一个民主的社会主义的改良政党。在各国工人运动中普遍出现改良主义，他们的代表人物还有德国的福尔马尔；英国的费边社成员；英国独立工党和工党的大多数党员；大多数斯堪的纳维亚人、美国社会党的主要部分；瑞士人；一部分意大利人；澳大利亚各工党的大部分党员；新西兰的党的一部分；法国米勒兰派；俄国的"合法马克思主义"者和孟什维克主义者；奥地利的奥地利马克思主义者；等等。

一、伯恩施坦主义的主要观点

1896 年 10 月至 1898 年 6 月，在恩格斯逝世不到一年的时间，作为恩格斯重要遗嘱执行人的伯恩施坦就开始在德国社民党的正式机关刊物

---

① 马克思，恩格斯：《马克思恩格斯文集》第 4 卷，人民出版社，2009，第 562 页。

《新时代》杂志上以《社会主义问题》为总标题发表了一系列论文①，公开提出"修正"马克思主义。其中，在第一篇文章《空想主义和折衷主义》中，伯恩施坦反对明确划分资本主义社会和社会主义社会的界限，否认从前者到后者的过渡是通过突变的；在《社会主义中的现实因素和空想因素》（1898）开始宣扬伯恩施坦主义；在《崩溃论和殖民政策》（1898）中他提出了"运动就是一切，目的微不足道"这一公式。在这期间，在《阶级斗争和妥协》（1897）中，伯恩施坦大肆鼓吹同资产阶级妥协；在《第二共和国是怎样崩溃的》中，伯恩施坦完整地表述了他关于工人阶级和社会主义政党应该怎样对待资产阶级民主共和国的观点，这与马克思在《法兰西阶级斗争》一书中的观点是针锋相对的。他指出，工人阶级只需要利用已经取得的普选权就可以获得最终解放。伯恩施坦主义出现以后，在德国社会民主党乃至第二国际内部引起激烈的争论，这些争论主要是在1898年至1903年进行。

此外，伯恩施坦主义的主要内容还散见在他各个时期的著作中，如：《给奥古斯特·倍倍尔的信》（1898）、《社会主义的前提与社会民主党的任务》（1899）、《科学社会主义怎样才是可能的》（1901）、《社会民主党内的修正主义》（1909）、《什么是社会主义》（1918）、《一个社会主义者的发展过程》（1924）；等等。伯恩施坦依据他对资本主义经济适应和扩展能力的不同理解，对马克思主义的理论和实现社会主义的方式进行了全面"修正"，阐发了其对社会主义运动进程的新推论。正如伯恩施坦1908年在《社会主义的前提与社会民主党的任务》出版10年后的一万三千册序中所表明，"我们必须预计到现存社会制度有比过去所假定的更长的寿命和更强的伸缩性，并且按照这一预计来展开我

---

① 这些文章是：《空想主义和折衷主义》（1896年）、《英国农业状况的发展》（1897年）、《空间和数字在社会政策上的意义》（1897年）、《崩溃论与殖民政策》（1898年）、《英国各政党和经济利益》（1897年）、《社会主义中的现实因素和理想因素》（1898年）。这六篇是伯恩施坦在编辑《社会主义的历史和理论》一书第二编时的六篇。原来的《区域理论和集体主义的界限》、《德国工业发展的现状》两篇被删去；补上了《崩溃论与殖民政策》和《英国各政党和经济利益》两篇，它们也是在这期间在《新时代》上发表的文章。

们的实践"①，这正是伯恩施坦主义的精髓。

（一）"提升"马克思主义的统一性与科学性

首先，伯恩施坦认为，马克思主义作为一种科学，是可以区分为"不变成分"的"纯粹的普遍的理论"和"可变成分"的"应用的理论"的。"凡是在马克思对于资产阶级社会及其发展过程的描述中无条件适用，也就是不问民族和地方特点一律适用的一切东西，都属于纯粹理论的领域；与此相反，凡是涉及一时的和地方性的特殊现象和推测的一切东西、发展的一切特殊形势，都属于应用科学。"② 由此，伯恩施坦认为，他是将马克思主义中关于唯物史观的纲要、关于无产阶级斗争的学说、关于资产阶级社会的生产方式连同剩余价值学说，以及在此基础上形成的关于这一社会发展趋势的学说，当作"不变成分"加以处理的；而无产阶级实现社会主义的方式是需要适时、视实际情况不断调整，以剔除"黏附"在马克思主义理论中的"空想成分"。

进而，伯恩施坦认为，马克思的整个体系在原则上是同唯物史观共存亡的；因此，对于马克思主义正确性的任何探讨都必须以唯物史观这一问题为出发点。从马克思的唯物史观入手，伯恩施坦在分析社会存在与社会意识的辩证关系时指出，"经济发展今天已经达到的水平，容许意识形态因素特别是伦理因素有比以前更为广阔的独立活动的余地"，因此，应用唯物史观的人们有义务按照"成熟"的形态应用它，"除了对生产力和生产关系的发展和影响，还要对每一时代的法权和道德观念、宗教传统、地理影响和其他的自然影响加以充分的考虑。"③ 因而，"除了纯粹的经济力量以外的其他力量对于社会生活影响的程度愈大，

---

① ［德］爱德华·伯恩施坦著，殷叙彝译：《社会主义的前提与社会民主党的任务》，三联书店，1965，第23页。

② ［德］爱德华·伯恩施坦著，殷叙彝译：《社会主义的前提与社会民主党的任务》，三联书店，1965，第47页。

③ ［德］爱德华·伯恩施坦著，殷叙彝译：《社会主义的前提与社会民主党的任务》，三联书店，1965，第53页。

我们称之为历史必然性的支配作用的变化也就愈多。"① 这些补充使得唯物史观真正成为了科学的历史考察的理论。伯恩施坦认为，由于唯物史观在今天只有足够地考虑到"物质力量和思想力量的相互作用的扩大"才能有效；技术和经济的发展对于社会形态的决定性就变得越来越间接了，而这对于社会民主党的实践来说，意味着社会政治任务的提高和修正②。伯恩施坦认为，马克思主义经典作家把"重新使理论获得统一性和重新建立理论同实践之间的统一性的任务，留给了他们的后继者。"③ 因而，"马克思主义理论的向前发展和改进必须从对它的批判开始。"④

（二）否定经济危机的可能性，抛弃经典马克思主义的"总崩溃论"

伯恩施坦认为，关于即将到来的资本主义制度"总崩溃"的概念是"彻底虚妄"的；社会关系的尖锐化也并没有按照《宣言》中所描绘的那样发展。第一，伯恩施坦认为，世界市场的范围随着通讯运输便捷化的提高而扩大，"欧洲工业国家的大为增加的财富同现代信用制度的灵活性以及工业卡特尔的兴起并在一起，以致至少在较长时期内可以把像从前那种类型的普遍营业危机看成根本不可能发生的了。"⑤ 就卡特尔和托拉斯而言，由于它们存在着十分多样的形式和适应能力，因而并无足够的理由把它们当作包含着"未来的更剧烈得多得危机的胚芽"。第二，在工业、商业和农业积聚中，随着社会财富的增长，各种等级的资本家的数目不断增加，无产阶级的数量和收入也在增加，社会结构高度地分级和分化了；无产阶级的社会地位得到承认，社会关系的

---

① ［德］爱德华·伯恩施坦著，殷叙彝译：《社会主义的前提与社会民主党的任务》，三联书店，1965，第 53 页。

② ［德］爱德华·伯恩施坦著，殷叙彝译：《社会主义的前提与社会民主党的任务》，三联书店，1965，第 57 页。

③ ［德］爱德华·伯恩施坦著，殷叙彝译：《社会主义的前提与社会民主党的任务》，三联书店，1965，第 65 页。

④ ［德］爱德华·伯恩施坦著，殷叙彝译：《社会主义的前提与社会民主党的任务》，三联书店，1965，第 65 页。

⑤ ［德］爱德华·伯恩施坦著，殷叙彝译：《社会主义的前提与社会民主党的任务》，三联书店，1965，第 129 页。

尖锐化没有实现。无疑，伯恩施坦有关资本主义社会本身能够在一定程度上控制危机并减轻危机的破坏作用，这是值得重视的；但是这并不能从根本上消除资本主义私有制与社会化生产的根本对立；资本主义的危机不可避免。1929—1930 年的大危机就是证明。正如麦克莱伦在《马克思以后的马克思主义》中所指出的，"伯恩施坦的水平并不很高，却是位密切关注当代趋势的观察家。正是因为他对系统的理论缺乏兴趣，便愈显得他能够比许多同时代的'马克思主义者'更清楚地洞察这些趋势。至于他能否正确地解释这些趋势，就不那么明显了。"① 这一点在伯恩施坦 1924 年所写的自传《一个社会主义者的成长过程》中也得到了证实。伯恩施坦说，"我基本是一个擅长分析的人，而且是相当片面地只会分析；在综合思维方面我并不强。"②

　　经典马克思主义的基本观点是，资本积累的过程，是资本主义基本矛盾形成和发展的过程。一方面，随着不断扩大的劳动过程的协作形式日益发展，生产日益社会化。当这种社会化大生产发展到一定的高度，必然要求建立社会公有制：共同占有生产资料，统一调节生产，共享劳动成果；另一方面，在资本主义制度下，由于生产资料私有制日益发展而形成垄断资本日益成为生产方式的桎梏。正如马克思所说，"资本垄断成了与这种垄断一起并在这种垄断之下繁盛起来的生产方式的桎梏。生产资料的集中和劳动的社会化，达到了同它们的资本主义外壳不能相容的地步。"③ 这就是资本主义生产方式的基本矛盾。这个基本矛盾的存在和发展，会导致资本主义社会一系列的矛盾和危机。首先，这一基本矛盾必然导致资产阶级和无产阶级的贫富两级分化，造成失业人口和相对人口过剩；其次，这一基本矛盾表现为个别工厂中的生产组织性和整个社会中生产的无政府状态之间的对立，甚至导致经济危机。最终，资本主义的基本矛盾是不断向着扬弃私有制、建立新的公有制的方向运

① ［英］戴维·麦克莱伦著，李智译：《马克思以后的马克思主义》，中国人民大学，2008，第 33 页。
② ［德］爱德华·伯恩施坦著，殷叙彝编：《伯恩施坦文选》，人民出版社，2008，第488 页。
③ 马克思，恩格斯：《马克思恩格斯全集》第 23 卷，人民出版社，1972，第 831 页。

行的。然而，伯恩施坦却宣称，"马克思恩格斯的理论是在和今天完全不同的情况下，根据今天不再合适的前提制定的"，因而，它"就是不够的或者甚至是错误的了。"①

（三）宣扬"议会民主"，主张"和平长入社会主义"

伯恩施坦认为，马克思和恩格斯掉进了黑格尔辩证法的陷阱，因而在革命形势的判断方面一再出现与事实不符的情况，这是马克思主义最致命之点。伯恩施坦在《社会主义的前提与社会民主党的任务》一书中借用朗格在《工人问题》中的观点，指出，"黑格尔的历史哲学及其基本思想即通过对立面及其消除而进行的发展，'几乎可以称为人类学的发现'，但是，'在历史上也同在个体生活中一样，通过对立的发展既不像思辨的构想所描绘的那样容易和彻底，也不是像那样精确和有秩序地进行着'。"② 一件需要几个时代才能实现的事，竟然根据辩证法而被看成一次政治革命的直接后果；因此，伯恩施坦认为，黑格尔辩证法是马克思主义学说的叛变因素，是"妨碍对事物进行任何推理正确的考察的陷阱"③。这一点表现在社会主义的实现方式上，马克思主义便是过高地估计了暴力革命对现代社会进行社会主义改造的力量；因而，伯恩施坦只限于将马克思在《共产党宣言》中所提出的"暴力革命"确定为实现社会主义的"一般原则"来理解。

在《前提》的第四章中，伯恩施坦便开始主张以议会斗争为主的和平渐进策略，以"和平长入社会主义"。伯恩施坦首先指出了实现社会主义的先决条件是：第一，一定水平的资本主义发展；社会越富足，社会的实现就越容易越有把握；第二，由工人的阶级政党即社会民主党行使政治统治，即争取民主和造成政治的和经济的民主机关。伯恩施坦说，根据马克思主义的观点，第二个先决条件是由无产阶级夺取政权，

---

① ［德］爱德华·伯恩施坦著，马元德译：《社会主义的历史和理论》，东方出版社，1989，第257页。
② ［德］爱德华·伯恩施坦著，殷叙彝译：《社会主义的前提与社会民主党的任务》，三联书店，1965，第69~70页。
③ ［德］爱德华·伯恩施坦著，殷叙彝译：《社会主义的前提与社会民主党的任务》，三联书店，1965，第75页。

对于夺取政权可以有种种不同的想法：经过以利用议会和一切其他合法手段的议会斗争方式，或者经过采取革命的暴力方式。而现在，无论在英国和在瑞士，还是在法国、美国和斯堪的纳维亚国家等等，民主已证明自己是社会进步的有力的杠杆。

伯恩施坦进一步论述了民主和社会主义的关系。他指出，"民主是争取社会主义的手段，又是实现社会主义的形式"①。他认为社会民主党的"全部实践活动都是为了促成和保证现在社会制度在不发生痉挛性爆发的情况下转移到一个更高级的制度"，"社会民主党不想用一个无产阶级社会来代替市民社会，而是想用一种社会主义社会制度来代替资本主义社会制度。"②"阶级专政却属于较低下的文化"，是"一种倒退"，是"政治上的返祖现象"。③ 依据"总崩溃不可能论"④ 的观点，在政治革命方面，伯恩施坦认为社会民主党应该做的是在政治上将工人阶级组织起来和训练他们运用民主，为国内的一切适于提高工人阶级和在民主的方向上改造国家制度的改革而斗争。同时，伯恩施坦期望社会民主党与资产阶级政党联盟，通过以议会斗争为主的和平渐进策略实现社会主义；使革命的社会民主党变成"民主的社会主义的改良政党"，和平长入社会主义。

二、伯恩施坦主义的影响

我们可以看到，伯恩施坦的主要意图是依据资本主义的新变化对马克思主义进行"修正"，使社会主义运动的现实因素得到加强。伯恩施坦强调"修正的任务在理论领域而不是实践领域"⑤，党应当"修正"

---

① ［德］爱德华·伯恩施坦著，殷叙彝译：《社会主义的前提与社会民主党的任务》，三联书店，1965，第178～179页。

② ［德］爱德华·伯恩施坦著，殷叙彝译：《社会主义的前提与社会民主党的任务》，三联书店，1965，第196页。

③ ［德］爱德华·伯恩施坦著，殷叙彝译：《社会主义的前提与社会民主党的任务》，三联书店，1965，第195页。

④ 或称"资本适论"，近年来，"资本适应论"这一称法多在我国学界使用。

⑤ 中共中央编译局国际工运史研究室编：《德国社会民主党关于伯恩施坦问题的争论》，三联书店，1981，第601页。

自己的理论，使它和自己的实践协调一致。伯恩施坦称自己是"专门信仰马克思恩格斯学说的人"①，他的目的在于"使社会主义理论摆脱轻率的、已被事物的发展证明为错误的概括以及单纯的概念构想的决定性影响"②，从而加强马克思主义理论的科学基础，使它更经得起实践的检验和反驳。

后来，伯恩施坦在1901年《科学社会主义怎样才是可能的?》一书中主张用"批判的共产主义"代替科学的共产主义，以指明社会主义并不是一个已经详尽无疑地解决了的问题，而社会民主党的任务就应该是使自己的目的同科学的学说相统一。在《什么是社会主义?》一文中，伯恩施坦指出，社会主义不是公式，也不是图样。社会主义就是工人阶级在现代资本主义社会中认识了自己的阶级地位，按照消灭一切阶级区别并且由社会本身有计划地管理整个经济生活的精神改造社会的要求和自然意向的总和；是工人阶级日趋增长的社会影响和他们所争得的经济、政治、一般社会和道德相对改进的结果。

伯恩施坦的出发点是结合西欧社会发展的实际，尤其以西欧议会政治的兴起为背景，从"应用层面"对马克思主义做了全盘的"修正"。但总体说来，伯恩施坦对马克思主义的"修正"是为了与实践上的社会改良主义相一致。第一，他强调伦理因素在社会主义理论中的重要性③，使得马克思主义在意识形态领域的指导地位逐渐式微；第二，他用提出"资本主义适应论"，用"经济发展新材料"来否定经济危机、取消马克思主义的"崩溃论"，认为"现存社会关系趋于缓和"、"今后

---

① 爱德华·伯恩施坦著，殷叙彝译：《伯恩施坦文选》，人民出版社，2008，第509页。

② 爱德华·伯恩施坦著，殷叙彝译：《伯恩施坦文选》，人民出版社，2008，第510页。

③ 伯恩施坦在《社会主义中的现实因素和理想因素》（1898年）中指出，马克思使社会主义学说的基础离开了先入为主的观念和任意的构想，把它奠定在现实主义的历史观的坚实基础上；与此同时，为了同当时无限制地扩大道德观念的做法作斗争而不得不贬低道德观念。伯恩施坦认为，道德是一个能起创造作用的力量，固然并非是无限制的，却范围很广。更何况，伯恩施坦认为，发达的资产阶级社会的道德与"标准的"资产阶级的道德已经完全不是一回事。

不可能发生大规模普遍危机"的论断是"短视"的，这些后来被卢森堡称为不过是机械的、停滞的"个别资本家的理解方法的理论概括"①；虽然他认识到了资本主义社会制度更强的适应和伸缩能力，但是这在根本上并无法消除资本主义私有制与社会化生产的对立。第三，他提出以议会斗争为主、和平地渐进社会主义，放弃了无产阶级暴力革命实现社会主义的方式，却忽视了如果无产阶级没有议会外武装夺取政权的要求，也不会取得议会斗争的胜利；最终只会沦为资产阶级性质的社会改良主义。

但是，伯恩施坦促使我们思考。他启发我们在运用马克思主义指导现实实践时，要不断地推进马克思主义与时俱进，并与自身实际相结合以实现马克思主义的新生；而不能因为个别现实领域中新情况就否定马克思主义。正如考茨基1898年在斯图加特代表大会上所说的，"有人责备伯恩施坦，说他的文章削弱了我们对胜利的信心，束缚了无产阶级的手脚。我的看法不是这样：我们对我们自己的信心不应当是盲目的信心，不应当以人们不加思考地接受下来的、现在也许已不能再站得住脚的传统见解为依据；我们对我们自己的信心必须以日新月异的考察为根据"②；但是，为了"净化马克思主义"而在"马克思主义和自由主义之间搞调和，这是我不能帮忙的，不仅如此，我们一定要坚决斗争"③。

在考虑到对伯恩施坦主义的评价时，我们也可以参照恩格斯曾对费边派作出的评价，"害怕革命，是他们的基本原则。……他们之所以疯狂地仇视马克思和我们大家，就是因为阶级斗争问题。……他们的策略是：不是把自由党人当作敌人同他们进行坚决的斗争，而是推动他们作出社会主义的结论，也就是哄骗他们，用社会主义渗透自由主义，不是用社会主义候选人去同自由党人相抗衡，而是把他们硬塞给自由党人，

---

① 中共中央编译局国际工运史研究室编：《德国社会民主党关于伯恩施坦问题的争论》，三联书店，1981，第125页。

② 中共中央编译局国际工运史研究室编：《德国社会民主党关于伯恩施坦问题的争论》，三联书店，1981，第49页。

③ 中共中央编译局国际工运史研究室编：《德国社会民主党关于伯恩施坦问题的争论》，三联书店，1981，第77页。

强加给自由党人，也就是用欺骗手段使自由党人接受他们。费边派这样做不是自己被欺骗，被愚弄，就是欺骗社会主义，这当然是他们所不了解的。"① 后来，科尔在《社会主义思想史》中认为，伯恩施坦主义的产生正是基于这样一种基础，即如果资本主义社会并不崩溃，那么又将如何对待众所公认的社会民主党的政策呢，也就是如何对待把一切建设性的改革都推到"革命"以后的政策呢？难道能够指望工人无限期地等待下去，而不要求实现能够在资本主义制度下从资本主义国家手中争取到的改良吗？如果工人等待的话，那岂不正好是断送他们的支持，而把改善人民生活条件的光荣拱手让给其他政党吗？伯恩施坦否认"资本主义社会即将崩溃从而给无产阶级夺取政权"的机会，对实现社会主义的方式做出调整，增加了以取得改良为目的的所谓"当前工作"的重要性。

综上所述：虽然伯恩施坦对马克思主义的"修正"是有待商榷的；但是伯恩施坦主义开启了对西欧实现社会主义方式的探索。尽管战后民主社会的发展并不是直接照搬伯恩施坦主义的理论，但是它对战后资本主义的繁荣和欧洲的社会主义运动产生了巨大的影响。

第二节　"中派"的考茨基主义

在恩格斯逝世后，由于理论上的成就卓越，考茨基就被视为马克思主义理论的权威。考茨基在 1910 年发表的同卢森堡论战的《在巴登和卢森堡之间》一文中，用比喻的手法，表明了自己中派的立场。然而，对考茨基及其中派主义的评价，应该立足于当时德国的具体现实。它是否已经完全不具备了革命的条件；或者它是否已经完全具备了议会民主的条件。考茨基的中派主义是德国半民主半专制特殊社会现实的反映：

---

① 　马克思，恩格斯：《马克思恩格斯选集》第 4 卷，人民出版社，2012，第 633 页。

"一方面，工人可以利用有限的民主参与政治，他们能够进行改良实践；另一方面，工人阶级又必须做好准备与专制政府斗争的革命信念。"①这就必然导致中派主义的产生。在第一次世界大战期间，考茨基仍然坚持其中派立场；只有在魏玛共和国（1918—1933）成立后，考茨基才逐渐向社会民主党右派靠拢。中派的代表，除考茨基之外，还有德国的哈阿兹，奥地利的弗·阿德勒、奥托·鲍威尔、希法亭，比利时的胡斯曼，俄国的托洛茨基等。由于中派以考茨基为代表，因此中派主义又被称为考茨基主义。

一、考茨基主义的主要观点

1902 年，基于伯恩施坦主义对马克思主义的"修正"，考茨基开始了对新时代条件下实现社会主义方式问题的深入思考。考茨基说，社会革命问题"使我们今日感受极深"，"因为它对我们当前的实际行动有极大的影响"，"这个问题就是：社会革命的时代是否已经过去？我们是否已经具备了足够的政治条件，使得从资本主义到社会主义的过渡可以不经过政治革命，不经过无产阶级夺取政权就能完成；或者我们仍须期待着一个争夺政权的决战时代，也就是一个革命的时代？"② 总体说来，面临资本主义的新变化和德国的社会现实，考茨基是在批判伯恩施坦主义和同卢森堡、列宁等论战过程中，逐渐形成并表明了自己的中派立场：提出了他对资本主义新变化的认识和与德国现实相适应的实现社会主义的方式。

（一）"周期性的萧条"和资本主义的"最终崩溃"是不可避免的

在批驳伯恩施坦主义的过程中，针对伯恩施坦的"资本主义适应论"，考茨基提出了他对 19 世纪末 20 世纪初资本主义发展状况的看法。正是在这一有关资本主义新变化认识上的分歧，导致了他们在实现社会主义方式问题上所持的观点有所差异。在 1898 年斯图加特代表大会上，

---

① 王玉宝：《卡尔·考茨基及其中派主义》，中国社会科学出版社，第 259 页。
② ［德］卡尔·考茨基著，何江、孙小青译：《社会革命》，人民出版社，1980，第 25 页。

考茨基发言指出，"肯定无疑的是，马克思的话今天还是正确的，资本的增加也意味着无产阶级的增加"；……"我想不起恩格斯有任何一句话会证明从今以后没有灾变的可能。"① 不同于伯恩施坦的看法，考茨基认为，阶级矛盾和工人阶级的赤贫化程度不是缓和，而是加剧；周期性的萧条和资本主义的最后崩溃不可避免。考茨基批驳伯恩施坦说，"谁对无产阶级遭受日益剥削这一事实提出异议，谁就必须对马克思的《资本论》提出反驳"②，而伯恩施坦能够向我们提供的不是经济规律，只是一些统计数字。考茨基认为，19 世纪末 20 世纪初资本主义经济的复苏与繁荣是同 19 世纪 80 年代起殖民政策的推行与海外市场的开辟联系在一起的。这一时期，由于经济繁荣使得工人阶级的状况得到了改善，阶级矛盾看似日益缓和，但实质上已经产生了重新导致阶级矛盾更加尖锐的因素。

这是因为：首先，股份制的广泛应用，工业资本同金融资本和金融巨头的日益结合形成的垄断资本将加剧工人生活状况的恶化。考茨基分析到，为了提高利润而建立的垄断，一部分通过提高产品价格、一部分则靠降低生产费用来达到；无论如何，最后不是通过压低工资、解雇和加紧剥削工人，就是加紧剥削消费者来达到；而且往往两者兼而有之。因此，不同伯恩施坦将卡特尔和托拉斯看作资本主义自我调节的工具，考茨基认为，这些反而更加剧了社会矛盾的尖锐化，是"自由竞争"终结、资本主义制度最终衰落的明证。其次，殖民政策的推行和帝国主义的兴起，开始成为资产阶级对抗社会主义和无产阶级的新方式，危机将更加严重。伴随着资本主义工业市场的扩大，工资要求极低的外国工人大批入境，失业危机严重；与此同时，人为地物价腾涨无疑更加剧了工人阶级的贫困化。考茨基认为，相比工商业利润的绝对增加和工人名义工资的相对提高，剩余价值率，亦即对工人的剥削程度也在实际增

---

① 中共中央编译局国际工运史研究室编：《德国社会民主党关于伯恩施坦问题的争论》，三联书店，1981，第 46 页。

② ［德］卡尔·考茨基著，何江、孙小青译：《社会革命》，人民出版社，1980，第 27 页。

加。更何况，资产阶级的生活水平要比无产阶级的生活水平提高的多得多。因此，考茨基认为，种种关于阶级矛盾缓和的夸夸其谈，都是一派胡言乱语。

此外，针对伯恩施坦主义所指明的"中间阶层的扩大化"①的模糊结论，考茨基也意识到新的"中间阶层"的正在产生。考茨基认为，资本主义生产方式使得统治阶级没有兴趣也没有闲暇去关注国家的行政事务或从事文化艺术和科学，因而，所谓的"知识分子"这一"新的中间阶级"，如专职的学者、艺术家、工程师、管理的人数不断增加；虽然他们对无产阶级的同情心日渐增长，但是他们也只是资产阶级中最缺乏战斗力的一部分；旧的中间阶层——小资产阶级仍旧保持其两面性。不同于伯恩施坦对中间阶层扩大化的乐观见解，即这个中间阶层将最终站在工人这边（当然，伯恩施坦是从一个更趋秩序和文明化的社会制度的角度来说）；考茨基则认为，由于帝国主义和殖民政策使得中等居民阶层同无产阶级的关系更加恶化，"凡是不站在社会主义立场上并且否定社会主义的人，如果他们不愿意陷入绝望，他就只得信仰殖民政策"②。中间阶层"如果不走社会主义，便会因为无产阶级反对帝国主义和军国主义而同无产阶级及其思想家分道扬镳"③。因而，考茨基认为帝国主义政策将使得无产阶级处于更加"孤立化"境地，并且无产阶级比任何时候都更加需要扩展自己的政治力量。帝国主义政策可能成为无产阶级加速政治发展和无产阶级取得政权的支点。

（二）"有条件地进行无产阶级革命"是实现社会主义的唯一途径

1909年，在《取得政权的道路》一书中，考茨基宣称，"我既不是不惜任何代价的合法性的拥护者，同样也不是不惜任何代价的革命者"④，我们的策略是以历史形势为依据的。一方面，通过上述对资本

---

① ［德］爱德华·伯恩施坦著，殷叙彝译：《社会主义的前提与社会民主党的任务》，三联书店，1965，第123页。
② ［德］卡尔·考茨基著、刘磊译：《取得政权的道路》，三联书店，1963，第108页。
③ ［德］卡尔·考茨基著、刘磊译：《取得政权的道路》，三联书店，1963，第108页。
④ ［德］卡尔·考茨基著、刘磊译：《取得政权的道路》，三联书店，1963，第71页。

主义新变化的认知，考茨基认为资本主义生产方式仍然是导致无产阶级物质贫困加剧的原因。资产阶级和无产阶级之间的阶级斗争，在无产阶级还没有夺取到它借以创造社会主义社会的全部政权以前，是不会停止的。因而，终极对抗这种资本主义发展的无产阶级革命是不可避免和不可遏制的。只有无产阶级夺取政权，用社会主义来替代资本主义才能取得解放。考茨基批判那些自认为在经济发展改变了的条件下，革命已经不能指望，甚至是有害的；而企图通过与资产阶级协同行动、无须进行社会革命和改变国家政权本质的改良主义的做法。考茨基和伯恩施坦分歧的焦点在于，考茨基认为无产阶级和资产阶级之间的阶级冲突将无法导致阶级协同合作。

但是，另一方面，考茨基并不否认，将来的革命形式将完全不同于以前的革命。这是由于，德国工人具有较高度的政治自由，结社自由、出版自由和普遍选举权（而在一定条件下还有普遍兵役义务），不仅成为保证现代国家的无产阶级优越于那些曾经参加资产阶级革命战斗的阶级的武器；而且还使各个政党和阶级的力量对比都能够清楚地暴露出来。考茨基认为，民主制作为一种使无产阶级成熟起来以适应社会革命的手段，是必不可少的。他用比喻的说法指出，"民主之于无产阶级，犹如空气阳光之于有机体"。① 考茨基将民主制度成为"社会的安全活瓣"，认为民主可以防止时机尚未成熟的、没有希望的革命尝试。但是，民主是不能用来阻止革命的，不能只看到无产阶级的成长而忽略资本也在发展其权力手段，"最有害于无产阶级的，莫过于劝告无产阶级立即解除武装，以便争取到资产阶级所谓的让步与和解。"② 因此，"结局不可能是别的，而只能是两者之间的一场大决战；而这场大决战在无产阶级取得胜利之前是不会告终的。"③ 考茨基还为这场最后决战做出了前提限定，即（1）资本主义生产方式高度发达为借助于国家政权把生产资料的资本主义所有制转变为公有制提供经济可能性；（2）无产

---

① ［德］卡尔·考茨基著，何江、孙小青译：《社会革命》，人民出版社，1980，第58页。
② ［德］卡尔·考茨基著，何江、孙小青译：《社会革命》，人民出版社，1980，第71页。
③ ［德］卡尔·考茨基著，何江、孙小青译：《社会革命》，人民出版社，1980，第59页。

阶级人数众多、组织良好，既通晓本阶级状况，又熟悉国家和社会的本质，无产阶级才有可能夺取和保持国家政权。但是考茨基认为，掌握分寸是极其困难的：既要使人们感觉到我们是对整个现存社会制度进行不调和斗争的战斗的党，又要尽可能地避免一切挑衅行动。

值得注意的是，考茨基在谈论到无产阶级革命时，总是特别重视阶级斗争的和平形式；他认为无产阶级的民主斗争方法对于那些实地进行斗争的人们来说不是无关紧要的；暴力手段是达到目的的最缺乏理性的手段。对于无产阶级革命，考茨基常怀有潜藏的消极感。考茨基说，"我们知道，我们的目的只有通过革命才能达到；但是我们也同样知道，我们不能举行这个革命，正像我们的敌人不能阻止这个革命一样。因此，我们根本没有想到要举行或准备革命。"① 此后，考茨基同卢森堡关于"政治性群众罢工"的论战和态度正是这一消极感的例证。在考茨基看来，群众罢工从来只是一种防卫武器，只是在工人阶级所享有的民主权利遭到侵犯时才能使用的最后手段。考茨基坚持认为，在资本主义还没有发展到足以使大多数人民倒向社会主义以前，在任何国家建立社会主义的时机都是不成熟的；如果在条件不成熟的时候，就企图建立社会主义，那么这种尝试就必然会导致背叛民主主义的恶果，同时使社会主义堕落成为布朗基主义的暴政。由于顾及到当时政府军所具有的巨大优势，考茨基的这种消极态度就进一步强化了。

1893 年 12 月，考茨基在《新时代》上曾发表《社会民主党的信条》一文，他指出"我们是革命者，而且不仅仅是蒸汽机的革命那种意义下的革命。我们所追求的社会革命，只有通过政治革命、通过战斗的无产阶级夺权，才能实现。而共和国，而且是最通常意义下的共和国即民主共和国，乃是能够实现社会主义的唯一国家形式"②。考茨基认为，无产阶级革命的任务之一，就是在德国实现完全的民主。从这个意义上，考茨基所说的"无产阶级专政"是指无产阶级在充分民主制度下实行的多数统治。这也是 1918 年魏玛共和国成立之后，考茨基开始

---

① ［德］卡尔·考茨基著、刘磊译：《取得政权的道路》，三联书店，1963，第 61 页。
② ［德］卡尔·考茨基著、刘磊译：《取得政权的道路》，三联书店，1963，第 61 页。

转向社会改良主义的缘由。

二、考茨基主义的立足地

建国以来，我国学者对考茨基的评价主要是承袭了列宁对考茨基的基本评价。如，列宁认为，考茨基主义是"第二国际矛盾的社会产物，是口头上忠实于马克思主义而实际上屈服于机会主义的社会产物"，它是"用马克思主义词句装饰起来的机会主义"，是"隐蔽的、胆小的、虚伪的、甜蜜的机会主义"①。现在看来，随着改革开放以来我国学者对这一问题研究的日益深入，考茨基及其中派主义理论是需要我们重新认识并需要澄清的。科尔在《社会主义思想史》中评价考茨基说："考茨基虽然坚持党的无产阶级基础，而且他所常用的词句似乎也使他跻身于无产阶级专政的鼓吹者之林，但是事实上他在考虑推翻现存国家以及无产阶级夺取政权的问题时，主要的出发点则是通过宣传和议会行动，以取得和平的进展"②。那么，我们应该如何看待和评价考茨基主义呢？

首先，我们可以参考考茨基写于 1917 年的《帝国主义战争》一文中的自我阐述。考茨基说，"马克思主义'中派'忠于自己的传统，在世界大战中也采取一种中间立场。它拒绝无条件地充当反对派的义务（这是从帝国主义性质中产生的），也拒绝无条件地支持政府的义务（这是从'保卫祖国'的原则中产生的）。在战争中，"中派"是根据每种特殊情况的特征来决定对该情况的态度的，这不是机会主义地根据人们所期望的暂时的成就，而是有原则地从国际无产阶级长远的共同利益的立场出发的。""这就是我们过去和现在坚定不移地遵循的指针。从这种方针出发，人们在估价某一特殊局势及其后果时，有时可能有错误。然而即使暂时发生错误，但人们也不会离开那条始终导向全世界无产者的联合的道路。"③

---

① 列宁：《列宁选集》第 2 卷，人民出版社，2012，第 523 页。
② ［英］G. D. H. 柯尔著，何慕李译：《社会主义思想史》第三卷（上），商务印书馆，1986，第 281 页。
③ 中共中央编译局资料室编：《考茨基言论》，三联书店，1973，第 247～248 页。

其次，考茨基及其中派主义理论是以日新月异的历史现实和革命形势为依据的，是德国半民主半专制社会现实的直接反映。考茨基说，"研究实际情况，这是合理的政策的基础"①。麦克莱伦认为，考茨基的目标是"无产阶级夺取政权，并随即对国家实行根本的改造"，"不过当考茨基谈论国家时，他总是想到德国的军事专制政体，它最多是个半民主的国家。无产阶级革命的任务之一就是在德国实现完全的民主"②。德国不同于俄国人民群众政治自由的高度缺乏以致于只能采取暴力革命的手段，又不同于英国人民群众政治自由的高度发达和英国政府对工人阶级采取的"和平"化解政策以致于和平过渡手段有更大的空间。因此，考茨基既反对以伯恩施坦为代表的社会改良主义所提出的"和平长入社会主义"的观点，同时也反对以卢森堡为代表的左派所提出的以"暴力革命推翻现存政府"的主张。

当考茨基在谈论国家时，他想到的总是德国半民主半专制的社会现实。与伯恩施坦"和平长入社会主义"的主张不同，考茨基认为，无产阶级和资产阶级的尖锐矛盾是无法调和的；没有无产阶级的阶级斗争就没有民主，社会主义的胜利是不可能的。社会民主党越是坚定不移、始终不渝和毫不调和，它就越能迅速战胜自己的敌人。但是他又对无产阶级革命持消极保留的态度。因此，他所设想的方式是：德国社会民主党通过其既有的政治自由在人民的选票中赢得明显的多数，同时以党在工会和广大人民中的影响为后盾，运用它在立法机构中的权力，坚持改革社会的一切关键性制度。但是，考茨基认为，无产阶级取得政权是不可能通过日积月累的零星改革来实现；而只能是在议会内、外同时取得足够强大的力量，通过强制推行革命性变革实现，到那时，这种变革是资本主义的维护者所无力抗拒的。

---

① ［德］卡尔·考茨基著，何江、孙小青译：《社会革命》，人民出版社，1980，第68页。

② ［英］戴维·麦克莱伦著，李智译：《马克思以后的马克思主义》，中国人民大学出版社，2008，第29页。

第三节　以列宁、卢森堡为代表的理论

佩里·安德森在《西方马克思主义探讨》一文中曾认为，与成长在 1874—1894 年之间资本主义处于相对平稳发展阶段的考茨基与伯恩施坦相比，以卢森堡和列宁为代表的马克思主义者，是在一个动乱得多的环境中走向成熟的——欧洲资本主义已经开始迅速卷入第一次世界大战的狂风暴雨，而且"他们对于马克思主义文化的整个地理轴心向东欧和中欧转移，更加坚信不疑"[1]。从根本上说，在第一次世界大战前后，列宁和卢森堡正是结合资本主义发展的新趋势和新特点，从他们各自特定的民族环境和落后的社会形态出发探索实现社会主义的方式的。

一、列宁主义的主要观点

列宁是第二国际时期左派马克思主义者的著名代表人物。此外，还有威廉·李卜克内西（1826—1900）、奥古斯特·倍倍尔（1840—1913）、克拉拉·蔡特金（1857—1933）弗兰茨·梅林（1846—1919）、卡尔·李卜克内西（1871—1919）、意大利的安东尼奥·拉布里奥拉（1843—1904）、荷兰社会民主党左派安东·潘涅库克（1873—1950）、俄国的马克思主义者普列汉诺夫（1856—1918）和法国马克思主义者拉法格（1842—1911）。他们都积极反对伯恩施坦主义，宣传和发展马克思主义。在国际工人运动中，作为第二国际左派代表理论家之一，列宁对伯恩施坦主义和考茨基主义进行坚决革命斗争的过程，就是其创造性地将马克思主义应用于俄国具体现实的过程。

列宁（1870—1924），原名弗拉基米尔·伊利奇·乌里扬诺夫，出

---

① ［英］佩里·安德森著，高铦、文贯中、魏章玲译：《西方马克思主义探讨》，人民出版社，1981，第 14 页。

生于辛比尔斯克①，伟大的无产阶级革命家、政治家和思想家，著名的马克思主义理论家。列宁以意志坚强、坚定冷静、持之以恒和善于思考著称，并且从小就从父亲和哥哥那里继承了"为了事业敢于牺牲一切"的优良品质。列宁生活的专制统治时代，农民受着残酷的压迫。1887年，列宁的哥哥亚历山大·乌里扬诺夫因刺杀沙皇亚历山大三世被判处死刑给列宁以巨大打击；这不仅加强了列宁的革命倾向，而且促使列宁努力探索一条与哥哥不同的反对专制制度的道路。列宁意识到，采用恐怖手段不仅不能取得反对专制制度的胜利，反而只会造成阻碍。因为，这种斗争方法不能彻底地推翻专制制度，对于组织劳动群众和提高他们的阶级觉悟也毫无帮助。

1887年，列宁进入喀山大学，由于此前阅读过哥哥手里的马克思和恩格斯著作，此时的列宁，一边观察俄国农民的现实情况，一边继续认真研究马克思主义。1889年，列宁移居萨马拉，在这里四年半的时间里，列宁学了好几种外语，尤其是德语，以便他能认真彻底地钻研马克思的《资本论》和其他著作。在喀山和萨马拉时期，列宁切实地掌握了马克思主义的方法，并仔细研究了当时俄国的经济状况，以及俄国和国外工人阶级生活和斗争的情况，为其日后的革命斗争做了充足的准备。1893年，列宁来到圣彼得堡，此时的列宁已经成为坚定的马克思主义者，并十分懂得如何将马克思主义的深刻知识应用于俄国现实的问题。

（一）俄国革命的任务与性质

俄国社会的命运问题是19世纪90年代马克思主义者（或社会民主党人）同民粹主义争论的焦点。从本质上说，19世纪90年代，列宁和民粹主义的交锋实际上涉及的是对俄国国情的认识与判断问题，同俄国革命的前途和领导权问题有着密切关联。1894年，列宁发表著作《什么是"人民之友"以及他们如何攻击社会民主党人？》进行反对"民粹主义"的斗争。民粹派认为因为俄国没有资本主义，所以俄国能够避

---

① 1924年为纪念列宁而改名乌里扬诺夫斯克。

免资本主义的发展道路，从俄国村社中生长出社会主义。列宁批判他们没有认真分析和说明俄国现实的社会经济关系，既没有察觉到俄国农村现实生产关系（农民通过为地主服劳役为地主生产剩余产品）的状况；也看不到俄国资本主义的发展；根本不了解俄国社会中农民和富农（善经营的农夫）、手工业者和包买主、工人和厂主之间的社会关系。对此，列宁指出，给俄国现实生产关系以完备说明是寻求俄国社会发展出路的立足点。俄国的现实不是别的，而是过时的农奴制的社会关系与资产阶级的社会关系并存。因此，列宁认为，除了工人运动，是不能有别的方式通向社会主义了。由于俄国社会中存在着严重阻碍生产力发展的农奴制残余，因而俄国革命的首要任务和目标是由俄国工人同激进民主派一道去推翻专制制度和争得政治自由；进而，由于"俄国的经济制度是资产阶级社会，要摆脱这个社会只能有一条从资产阶级制度本身之中必然产生的路，这就是无产阶级反对资产阶级的斗争。"① 在这篇文章中，列宁首次提出了将资产阶级民主革命发展到社会主义革命的思想。因此，俄国革命的任务具有双重性质，它包括民主革命和社会主义革命两个阶段的内容。列宁还指出，社会民主党的任务就是要协助发展和组织俄国工人运动，并将其改造成有组织的斗争，促使"俄国工人阶级率领一切民主分子去推翻专制制度，并引导俄国无产阶级（和全世界无产阶级并肩地）循着公开政治斗争的大道走向胜利的共产主义革命"②。

1895 年底至 1899 年 1 月，列宁通过撰写《俄国资本主义的发展》这部重要著作对俄国资本主义的发展状况、俄国的经济制度和社会阶级结构、俄国市场经济孕育发展历程进行了具体勾勒，进一步阐明了俄国资本主义的发展；指出在这种经济基础上的俄国革命首先是资产阶级革命是不言而喻的。列宁还对资本主义的历史作用给出阐述，指明资本主义在促进社会生产力的提高和劳动社会化的同时，又造成了极为深刻的社会矛盾，因而具有历史暂时性；这就进一步证明了社会主义革命的必然性。1907 年，在列宁为这本著作所写的序中，他说到，"这种或那种

---

① 列宁：《列宁选集》第 1 卷，人民出版社，2012，第 27 页。
② 列宁：《列宁选集》第 1 卷，人民出版社，2012，第 81 页。

资本主义演进因素，可能有无限多样的结合，只有不可救药的书呆子，才会单靠引证马克思关于另一历史时代的某一论述，来解决当前发生的独特而复杂的问题"①，体现了他在具体分析俄国社会状况以及各阶级地位和利益基础上创造性地将马克思主义应用于俄国现实的努力。《俄国资本主义的发展》出版后不久，便遭到"合法马克思主义者"的攻击。此后，在俄国，列宁也开始了反对"合法马克思主义②"、"经济派③"、孟什维主义④和"取消派⑤"等机会主义的斗争；在很大程度

---

① 列宁：《列宁选集》第 1 卷，人民出版社，2012，第 162 页。

② 合法马克思主义，又称"司徒卢威主义"，19 世纪末流行于俄国资产阶级知识分子之间的一种打着马克思主义旗号的资产阶级思潮。代表人物有司徒卢威、杜冈—巴拉诺斯基、布尔加柯夫等。因其打着马克思主义的旗号，常在经沙皇政府准许的合法报刊杂志上发表言论，故列宁在《怎么办？》一书中称之为"合法马克思主义"。1894 年，司徒卢威发表《俄国经济发展问题的批评意见》，着力歪曲马克思主义基本原理，被认为是合法马克思主义的代表作。合法马克思主义从资产阶级立场出发，指出俄国资本主义发展的必然性及其取代封建主义的进步性，因而起过一定的积极作用。列宁在反对民粹派的斗争中，曾经和合法马克思主义者结成暂时的联盟。但是，合法马克思主义者把资本主义奉为社会经济发展的典范，颂扬资产阶级，号召向这个已在西欧取代了封建贵族的阶级学习，并否认资本主义制度随着它的内在矛盾的发展必然走向灭亡的历史规律。列宁批评"合法马克思主义"抛弃了马克思学说若干相当重要的方面，例如，在哲学上不是站在辩证唯物主义方面，在政治经济学上是站在伯恩施坦主义的立场上；认为当前俄国人的争论不过是德国人争论的反映。彻底的马克思主义者是根据改变了的条件和各国当地的特点来发展马克思主义。

③ 经济主义是指 19 世纪 90 年代出现在俄国社会工人运动中的伯恩施坦主义的变种。这一思潮推崇西欧的伯恩施坦主义，以"批评自由"为旗帜，篡改马克思主义；迷恋工人运动的自发性，醉心于经济斗争，否认马克思列宁主义政党的必要性；反对政治斗争，崇拜经济改良；成为俄国工人运动中提高无产阶级觉悟、建立无产阶级革命政党的又一严重障碍。列宁批判"经济派"贬低社会意识和党对工人运动领导、崇拜工人运动自发性、将工人阶级斗争局限于经济斗争和局部改良的机会主义错误。

④ 1903 年，俄国社会民主工党在布鲁塞尔召开第二次代表大会。会上，围绕组织原则问题上的分歧，形成了以列宁为首的布尔什维克派和以马尔托夫为代表的孟什维克派。此后，两派之间关于俄国革命的策略分歧日益严重，这一分歧在列宁的《社会民主党在民主革命中的两种策略》（1905 年 6－7 月）中得到了详尽的阐述。

⑤ 取消派是 1905—1907 革命失败后，在孟什维克中出现的背弃党纲上的革命要求和党的革命口号，企图取消秘密的无产阶级政党，主张成立一个在合法范围内活动的"公开的工人党"的派别。1912 年布拉格代表大会被开除出党。

上，可以说这也是列宁反对伯恩施坦主义和考茨基主义的斗争。与此同时，他对机会主义进行坚决革命斗争的过程，也就是他创造性地将马克思主义应用于俄国具体现实，努力探索俄国社会主义革命道路的过程。

（二）俄国进行暴力革命必然性

列宁继承了马克思恩格斯关于无产阶级暴力革命的思想，强调通过暴力革命的手段推翻沙皇专制统治。这是由于在俄国沙皇的专制统治占据了统治地位。列宁指出，在俄国（所有的欧洲国家中也只有俄国），由于沙皇的专制统治，沙皇保存着专制政府的无限权力，而工人连最普通的公民权利都没有，他们没有能够联合起来争取修改国家法令的一切权利，被剥夺了参与发布法令、讨论法令、提议制定新法令和要求废除旧法令的一切可能。因此，"工人阶级只能进行斗争，只要联合起来进行反抗，才能影响国家政权"。① 这就决定了在没有政治自由的俄国，党的日常政治斗争和党的最终目的具有高度的一致性；这是与欧美国家社会民主党"将作为'日常政治斗争手段'的社会改良同作为'最终夺取政权'目的的社会革命统一起来"的方式极为不相同的。在西欧，经过了宗教改革、资产阶级民主革命和民族国家的建立，民主的观念已经不断深入人心；议会制的民主政体不断完善。到了19世纪中后期，西欧多数国家已经通过革命或和平改革的途径确立了资产阶级议会民主制度。

（三）经济文化落后国家的社会主义革命道路

俄国革命是与帝国主义战争相联系的革命，国际环境为俄国革命提供了客观可能性。19世纪末20世纪初，资本主义从自由竞争阶段进入垄断阶级即帝国主义阶段。在帝国主义时代，殖民政策和军国主义的发展已将世界领土瓜分完毕。但是，由于新老帝国主义国家之间的实力悬殊和资本主义本身固有的贪婪本性使得帝国主义国家之间的矛盾不可避免。这些矛盾的解决只能通过重新瓜分世界领土的战争解决。由此，列宁在1915年指明，"经济和政治发展的不平衡是资本主义的绝对规律，由此就应得出结论：社会主义可能首先在少数甚至在单独一个资本主义

---

① 列宁：《列宁全集》第11卷，人民出版社，1984，第85页。

国家内获得胜利。"①

　　与资本主义经济政治发展不平衡相联系的是帝国主义体系薄弱环节。列宁认为，所谓薄弱环节，一般来说，不一定是发达资本主义国家，因为这里统治阶级的统治能力较强，也不会是连大工业和现代无产阶级都没有的经济文化非常落后的国家，这样的国家不具备搞社会主义的起码条件。列宁认为，构成帝国主义体系的薄弱环节至少要具有以下条件：第一，要有一定的大工业和现代无产阶级；第二，统治阶级的统治基础和统治能力比较薄弱，难以照旧统治；第三，无产阶级和劳动群众具有高度的革命热忱；第四，有一个政治上成熟的马克思主义政党的领导与指导。俄国就是帝国主义体系的薄弱环节。列宁关于帝国主义和社会主义革命首先在一国或数国取得胜利的理论不但发展了马克思主义关于社会主义革命的学说，而且为俄国十月革命奠定了理论基础。俄国十月革命一经爆发，便开辟了无产阶级革命的新时代。

　　综上所述，我们得以看到，俄国国情的特殊性是列宁主义诞生的重要原因：第一，俄国社会经济状况的落后性与复杂性决定了俄国革命的双重任务和双重性质；第二，俄国政治状况的特殊性决定了它不可能像欧美社会改良主义那样通过主张合法的社会改良走向社会主义的发展道路，而是要通过暴力手段来解决自身的阶级矛盾和社会矛盾。第三，俄国革命是同帝国主义发展不平衡规律密切联系在一起的。可以说，列宁主义的形成一方面是列宁在全面考察俄国社会发展状况的基础上，将马克思主义同俄国具体现实相结合的产物，探索适合俄国的社会主义革命道路的理论结果；另一方面，列宁主义也是在同各种不同的机会主义思潮做斗争的过程中逐渐走向成熟的。关于俄国社会主义革命和建设的理论是列宁主义的主要内容，它涉及列宁的哲学思想、政党理论、帝国主义与无产阶级革命思想、国家理论以及战时共产主义政策与新经济政策。列宁主义就是在帝国主义和无产阶级革命时代，立足唯物史观，不断努力探索经济文化落后的俄国和其他落后的东方国家如何进行社会主

---

① 列宁：《列宁选集》第2卷，人民出版社，1995，第554页。

义革命和建设的理论体系。这也是本研究考察列宁之所以会成为第二国际左派代表人物代表原因的立足点所在。

二、卢森堡的主要观点

罗莎·卢森堡（Rosa Luxemburg，1871—1919），出生于波兰历史文化名城扎莫什奇，德国社会民主党和第二国际著名的左派领袖之一，马克思主义发展史和国际工人运动史上极具创造性的思想家之一。卢森堡在"如何认识资本主义的新变化"以及在此基础上形成的"对社会主义实现方式"的积极探索和在"民主"问题上形成的与第二国际理论家的不同理解是其思想独树一帜的重要缘由。

（一）资本主义将由于自身矛盾而崩溃，无产阶级夺取政权不可避免

面对资本主义的新发展，不同伯恩施坦将卡特尔、信贷、完善的交通工具、工人阶级工资的提高当作资本主义的适应工具；卢森堡认为，这些恰恰是加剧了资本主义的内在矛盾。毫无疑问，卢森堡的见解是深刻的。她是将这些经济生活的现象放在它们对资本主义发展的整体关联和同整个经济结构的联系上去理解的。例如，在卢森堡看来，信用的产生是内在于交换矛盾中的一个自然发生的较高阶段，如用货币、商品和资本，在这个阶段上，它"既在经济联动机构中成为必不可少的一个齿轮，同时由于它增加了资本主义的内在矛盾，它也是一个破坏工具"①。至于卡特尔和完美的交通工具，情况也是完全一样。而经济危机，卢森堡认为，作为周期性地解决生产的无限扩张能力和销售市场的狭隘限制之间的分裂的完全正常的方法，只要这是事实，那么危机就是资本主义经济整体的不可分割的有机现象。因而，在卢森堡看来，伴随着资本主义在生产过程中的社会性的日益增强；它所采取的形式——大企业、股份公司、卡特尔等实质是对社会主义的逐渐疏远，在这里，资本主义的对立、劳动力的被剥削和被奴役的情况发展到了最高点。这一

---

① 中共中央编译局国际工运史研究室编：《德国社会民主党关于伯恩施坦问题的争论》，三联书店，1981，第124页。

生产关系越向前发展，其政治关系和权利关系则越是在资本主义社会和社会主义主义社会之间筑起高墙，"这堵墙靠社会改良和民主是打不通的，相反，只有靠革命的铁锤即由无产阶级夺取政权。"[①] 此外，在政治关系上，民主虽有所发展，但是民主所采取的资本主义议会制度的形式并不能使得阶级对立、阶级统治被废除；更何况，现代国家所采取的军国主义的形式，使得国家的阶级性更加鲜明地表现出来。生产社会化和资本主义私人占有的矛盾已经到了无产阶级必须把社会主义社会的合理内核从同它矛盾着的资本主义外壳中挖出来的地步，因此无产阶级夺取政权、完全消灭资本主义制度是不可避免的。

1912 年，在《资本积累论》中，卢森堡从横向扩展和世界市场的角度指明资本主义是一个具有传播能力、囊括全球、驱逐其他一切经济形态的经济形态；卢森堡将资本主义的发展划分为三个阶段，认为资本主义是逐步通过对自然经济（阶段1）、商品经济（阶段2）的斗争乃至在全球范围内对非资本主义经济状态（阶段3）的斗争来实现自身积累和发展的。帝国主义（卢森堡认为，帝国主义这一政治名词，是用来表达在争夺尚未被侵占的非资本主义环境的竞争中所进行的资本积累的。）、殖民政策和军国主义是资本主义的现代形态，是资本积累空前加剧的时期。卢森堡指出，帝国主义虽然延长了资本主义的寿命，却加速了它的灭亡。这是由于，资本积累运动所带来的资本主义国家与非资本主义国家的政治冲突和社会灾难日益升级；再加上资本主义本身周期性的灾祸和危机，使得在正式达到这个资本自己创造的经济绝境之前，国际工人阶级起来反抗资本的统治已经势在必行。只有社会主义才是一个能够不断发展全球生产力来满足劳动人民需求的和谐的、普遍的经济形态。

（二）无产阶级实现社会主义的方式：社会改良与社会革命相互补充、"尽早"的群众罢工运动和党的技术性领导相互结合

按照卢森堡的观点，德国社会民主党实现社会主义的方式应当是社

---

① ［德］罗莎·卢森堡著，中央马列著作编译局译：《卢森堡文选》，人民出版社，1984，第101页。

会改良与社会革命不可分割、相互补充，这是卢森堡在新的历史条件下提出的无产阶级斗争的一般原则。卢森堡指出，"为了社会改良、为了在仍然是现存制度的基础上改善劳动人民的生活状况、为了各种民主制度而进行的日常的实际斗争，宁可说是引导无产阶级的阶级斗争、力求达到最终目的的、达到掌握政权和废除雇佣制度的必经之路"①。为社会改良而斗争是手段，社会革命是目的。进而，卢森堡指出，民主作为最有利于所有各阶层人民参与政治生活的园地是有了一定程度的发展，在德国情况倒的确如此，其所以如此，是"因为在工会斗争和社会改良斗争的面前，有夺取政权的自觉而坚定的企图作指路明星"②。但是，民主的发展并不能根除资本主义的基本矛盾，反而使得这一矛盾更加暴露。无产阶级夺取政权的斗争不可避免，正是社会主义的最终目的把整个工人运动"从试图以挽救资本主义制度的无谓的装饰变成反对这个制度的、为废除这个制度而进行的阶级斗争"③。

同时，卢森堡认为，社会主义的实现是党的技术性领导和"尽早"的群众罢工运动相互结合的产物。她指出，社会主义的产生首先是特定历史时期以历史必然性从社会状况中产生出来的历史现象。它的产生只是资本主义矛盾日益尖锐化的结果，也是工人阶级认识到绝对必要用社会革命手段消灭社会矛盾的结果。绝不是不论任何环境之下自发地从工人阶级日常斗争中产生出来的。1905 年，俄国革命爆发，受到了卢森堡积极支持。卢森堡在 1905 年 9 月召开的德国社会民主党耶拿代表大会上号召"向俄国革命学习"。而 1910 年，德国爆发了声势浩大的要求改革普鲁士反动选举制度的群众示威运动。卢森堡提出争取共和国和左派关于群众性政治罢工的要求。在这种情况下，考茨基主张利用议会和工会斗争逐步取得统治权的"疲劳战略"，将把群众性的政治罢工作为决战时的最后武器。而卢森堡却提出，党应当领导工人阶级尽早采取

① 中共中央编译局国际工运史研究室编：《德国社会民主党关于伯恩施坦问题的争论》，三联书店，1981，第 114 页。
② 中共中央编译局国际工运史研究室编：《德国社会民主党关于伯恩施坦问题的争论》，三联书店，1981，第 121 页。
③ 中央马列著作编译局：《卢森堡文选》（上），人民出版社，1984，第 71 页。

行动夺取政权，而且无产阶级对国家政权的这种"过早"的进攻，是帮助最后胜利的时机到来和决定这个时机的重要历史因素。这是因为：第一，指望在无产阶级的胜利的一击之下，就能完成社会从资本主义制度变成社会主义制度这样的巨大变革是完全不可想象的。只有布朗基主义者才会认为这是可能的。第二，无产阶级的"过早"进攻，是为最后夺取政权创造政治条件的十分重要的因素，因为无产阶级只有在长期而顽强斗争的过程中，才能在政治上日益达到足以完成最后的伟大变革所必须的成熟程度。因而，"过早"的进攻是不可避免的。她的这一主张对于新的历史条件下无产阶级革命的理论和策略作出了重大贡献。

综上所述，卢森堡战斗的一生始终没有抛弃马克思主义关于资本主义发展命运和无产阶级革命的理论，她始终坚持从唯物史观出发，以整体性的观点和历史的现实的关系考察为依据创造性地发展马克思主义。可以被称作是"马克思最好的学生"或者"马克思主义最好的继承人"。她相信群众性罢工是社会革命的先声；主张把罢工当作革命武器来利用，旨在发动群众采取行动以推翻现存秩序。她既反对伯恩施坦的社会改良主义，又反对考茨基关于德国无产阶级革命的"疲劳战略"反对关于俄国革命是"早产儿"的说法。卢森堡批评俄国社会民主党在组织上的"极端集中主义"，主张"自我集中制"①；卢森堡给俄国十月革命以极高的评价，并就"土地问题"、"民族自决权问题"和新生的苏维埃政权的"民主与专政"等问题提出了批评；最终走出了一条不同于第二国际"正统"马克思主义和列宁主义的道路。

总体说来，卢森堡的理论反映了这样一种矛盾：一方面，它部分地体现了波兰工人运动的现实需求和斗争经验，她反对伯恩施坦主义，是其"革命性"的表现，但是她所主张的"政治性群众罢工"在德国却

---

① 列宁在《怎么办?》（1902）和《进一步，退两步》（1904）这两篇著名的文章中提出了建党主张并强调党在组织上应当实行严格的集中制。1904 年，卢森堡撰写《俄国社会民主党的组织问题》一文，表明并不一般地反对集中制，但是反对"极端的集中主义"，主张充分发扬民主的"自我集中制"以便形成一个有阶级觉悟和有判断能力的无产阶级先锋队，这被看作是党的组织工作所要达到的主要目标。

遭遇了考茨基"疲劳战略"的阻碍；另一方面，由于身处德国使得她并不能像列宁那样深刻；或许也正是由于这种身份上的双重性，使她关于一些问题的思考又远远超过了列宁；例如她对"组织民主"、苏维埃政权关于"民主"与"专政"问题①的理解与思考。我们应当从德国与波兰文化传统的差异来理解卢森堡理论的创造性。

---

① 有关这一问题的探讨将在第五章第二国际理论家有关"新生苏维埃政权"的理论论战中详尽展开。

第三章

时代主题之争

　　经典马克思主义理论家毕生的重要课题就是在对资本主义社会结构及其历史地位的批判性理解的基础上，探索社会主义的实现方式，以实现包括无产阶级在内的全人类对其本质的全部占有（全面、自由的劳动；真正人的、社会的财产占有）和对新的社会制度的合理安排。列宁曾指出，只有"首先考虑到区分各个'时代'不同的基本特征（而不是个别国家的个别历史事件），我们才能正确地制定自己的策略；只有了解某一时代的基本特征，才能在这一基础上去考虑这个国家或那个国家更具体的特点。"①

　　在 19 世纪最后几年，由于垄断的形成和新科技革命的推动，在英、法、德等主要资本主义国家里，经济出现了明显高涨：利润率和资本积累日益提高，资本主义相继进入帝国主义阶段。在帝国主义时期，资本主义国家生产力的增加是以各国对殖民地半殖民地的剥削，以及帝国主义国家之间对国内外市场的抢夺为基础的。帝国主义是第二国际所处时代的基本特征，第二国际内部的一切争论都与对时代主题的判断，尤其是与帝国主义问题密切相关的。帝国主义的发展和为适应列强瓜分世界要求的军国主义联盟日益影响到社会主义的实现方式。因此，深入研究帝国主义问题，解读资本主义社会的新变化，在本质上揭示帝国主义的本质，进而制定正确的社会主义实现方式，是第二国际马克思主义理论

---

① 列宁：《列宁全集》-《打着别人的旗号》第 26 卷，人民出版社，1990，第 142～143 页。

家所面临的重要课题之一。同时，全面呈现第二国际理论家关于时代主题的争论，也是我们了解和把握导致马克思主义分野原因的时代基础。第一次世界大战爆发后，除俄国以外的社会民主党都遵循爱国主义路线，公开背叛《巴塞尔宣言》①。

第一节 战争还是和平

　　1864 年 9 月 28 日，马克思和恩格斯在伦敦朗——爱克街圣马丁堂举行的第一国际公开大会上宣读了《国际工人协会成立宣言》，为工人阶级规定了他们的责任。他们指出，各国工人阶级之间应该遵循简单的道德和正义原则，这就要求工人阶级有责任关心本国政府的对外政策，"洞悉国际政治的秘密，监督本国政府的外交活动，在必要时就用能用的一切方法反抗它；在不可能防止这种活动时就团结起来同时揭露'它"，而"为这样一种对外政策而进行的斗争，是争取工人阶级解放的总斗争的一部分"②，这也成为第二国际各次代表大会讨论对待战争和社会主义革命关系问题时不容争辩的公认的出发点。

　　到了 19 世纪末期，随着资本主义的新发展，恩格斯认为，在新的形势下，现在"除了世界战争以外已经不可能有任何别的战争了。这会是一场具有空前规模和空前剧烈的世界战争"。这一战争"只有一个结果是绝对没有疑问的，那就是普遍的衰竭和为工人阶级的最后胜利造成条件。"③ 在这里，恩格斯表现出战争会对社会主义革命产生影响的担忧。恩格斯在 1882 年 12 月 22 日给倍倍尔的一封信中表达了这样的看法，他认为，"发生欧洲战争将是一种不幸；这一次的战争会具有非

---

① 1912 年 11 月 24——25 日，第二国际巴塞尔社会主义代表大会一致通过反战宣言，指出正在酝酿的战争具有帝国主义掠夺性质，确立了各国社会党人和国际无产阶级反对战争、利用一切手段争取和平的具体纲领。

② 马克思，恩格斯：《马克思恩格斯文集》第 3 卷，人民出版社，2009，第 14 页。

③ 列宁：《列宁全集》第 21 卷，人民出版社，1990，第 401 页。

常严重的性质，战争会在长时期内到处煽起沙文主义，因为每个民族都会为自己的生存而斗争"；而"这种战争会把社会主义革命推迟十年，固然以后革命会更为彻底。"① 后来，在1892年《德国的社会主义》一文中，恩格斯对战争与社会主义革命之间的关系作了完备的表述。恩格斯说，"总之，和平会保证德国社会民主党大约在十年的时间里取得胜利。战争则会使德国社会民主党要么在两年内取得胜利，要么就遭受彻底的失败，至少在15年到20年期间不能恢复。"② 之后，随着恩格斯的谢世，对资本主义新时代的解读以及由此而产生的对于社会主义实现方式的探讨就成为第二国际理论家争论的焦点。

1902年，霍布森在《帝国主义》一书中对资本主义新时代进行了解读，试图对帝国主义进行探讨和分析。在霍布森看来，"相互竞争的帝国这一概念，主要是近代的事情"③；帝国主义作为一种政策，这种政策的根本原因在于"过度储蓄"和"消费不足"，而这又是由于生产力受到了国内各个阶级收入分配的不当，"于是获取殖民地、保护地和其他帝国发展的地区，就成为国家政策中更为迫切和有意识的活动了"④。霍布森主要是依据英国资本主义的世界性开拓来考察帝国主义的政治经济特点，为我们研究和认识帝国主义提供了重要的材料和初步的分析；但是霍布森采取了资产阶级社会改良主义和和平主义的立场，并未从本质上触及帝国主义的基本矛盾。

第二国际理论家中，比较早地对资本主义的新变化进行研究的有普列汉诺夫、拉法格和伯恩施坦。从1890年开始，普列汉诺夫历经十年，研究了美国和英国工业中垄断的发展状况。他同马克思恩格斯一样，将垄断视为工业发展不可避免的结果。1895年，拉法格在《财产的起源与进化》一文中，及早地指出了金融资本的发展给资本主义带来的"繁荣"发展，并为共产主义准备了条件。1903年，拉法格通过分析和

---

① 马克思，恩格斯：《马克思恩格斯全集》第35卷，人民出版社，1971，第415页。
② 马克思，恩格斯：《马克思恩格斯文集》第4卷，人民出版社，2009，第435~436页。
③ ［英］约·阿·霍布森著，纪明译：《帝国主义》，人民出版社，1960，第5页。
④ ［英］约·阿·霍布森著，纪明译：《帝国主义》，人民出版社，1960，第7页。

研究大量统计资料，出版了《美国托拉斯及其经济、社会和政治意义》一书。在这本书中，拉法格指出"托拉斯"是资本主义发展的新阶段，是美国资本主义的基本特征。托拉斯将促使美国走向帝国主义和掠夺殖民地的道路；但是，垄断资本主义的发展已经积蓄了向社会主义过渡的物质条件。列宁对拉法格的理论给予了高度的评价。第二国际右派代表人物伯恩施坦在论证其"资本主义适应论"和社会改良主义策略时，也密切关注了由于信用的灵活应用和完美交通工具的发展所带来的资本主义的新变化。

1898年，伯恩施坦在《崩溃论与殖民政策》一文中指出，就卡特尔和托拉斯而论，它们为资本主义的发展提供了很强的适应能力，并带来了扩张主义和军国主义的发展；社会主义者反对一切殖民扩张主义和一切民族沙文主义，也坚决反对向未开化民族或野蛮民族施加暴力和欺骗性的掠夺。但是，就殖民政策和夺取新市场的而论，市场和国际贸易关系扩展是促进社会进步的有力杠杆；它非常大地促进了生产关系的发展和本民族财富的增加，同时也是将这些半开化民族纳入文明世界的尝试。

在一战前后，第二国际理论家对资本主义新变化的研究成果纷繁呈现。主要的主要有希法亭的"金融资本论"（1910）、卢森堡的"资本积累论"（1912）、考茨基的"超帝国主义论"（1914）和列宁的"帝国主义论"（1916）。中派主义的著名代表人物希法亭，将他在1910年出版的《金融资本论》一书副标题定为"资本主义最新发展的研究"，试图科学地阐明资本主义发展的新的经济现象。希法亭认为，资本主义在最近采取了自己最高和最抽象的表现形式，即金融资本形式。金融资本意味着资本的统一化，即将产业资本、商业资本和银行资本等置于金融贵族的共同领导之下。由此，金融资本的经济扩展必然导致帝国主义的殖民政策。暴力扩展使得帝国主义国家和殖民地之间的矛盾激化；同时，帝国主义列强之间对势力范围的争夺必然导致帝国主义列强之间的武力冲突。与此同时，资本主义越来越将国家转变为对外进行经济掠夺和武装干涉、对内剥削和压迫无产阶级的工具。由此，希法亭对无产阶级应当采取的策略作出了十分正确的论述。他指出：无产阶级既不能因为金融资本的帝国主义政策一时难以阻挡和取得胜利就放弃对帝国主义和战争政策的敌意；也不能因为帝国主义政策会为社会主义准备条件和促进无产阶级革命的最终胜利，转而采取支持的态度；而是只有通过反对帝国主义政策的不断斗争，才能最后取得无产阶级事业的胜利。希法亭认为，金融资本使得生产社会化达到了资本主义范围内所能达到的界限，这就使得克服资本主义变得容易。因为，"金融资本，在它的完成形态上，意味着经济的或政治的权力在资本寡头手上达到完成的最高阶段"，同时，它使得国内的金融资本统治同无产阶级的利益的不相容达到极致，"在这些敌对的利益的暴力冲突中，金融巨头的独裁统治最终转化为无产阶级专政"[1]。无产阶级对金融资本帝国主义政策的回答，最终只能导致社会主义。

与上述侧重从资本主义纵向演进的角度研究资本主义最新形态——帝国主义不同，第二国际左派著名代表人物卢森堡在《资本积累论》(1912)、《五一节二十五周年》（1914）等书中是从资本主义经济横向扩展的角度对当时资本主义新变化——帝国主义进行阐释的，并将其与资本落后民族的无产阶级对帝国主义的实际斗争需要结合起来。卢森堡以社会总资本的再生产为问题，指明资本主义再生产的特色就是以利润为目的、以社会交换为纽带的生产资料私有制与生产的无计划导致的周期性地社会总供给的不足和过量，而由此所导致的所谓萧条、高涨和危机的循环，这就是资本主义再生产的最显著特征。在资本主义制度下，正是由于剩余价值的实现而导致的资本积累的扩大再生产带来了人类重大的文明进步。但是，卢森堡认为，剩余价值要靠"非资本主义生产方式的社会阶层或社会结构"来实现，而不能由工人、资本家来实现。因此，资本积累作为一个历史过程，"在一切方面是依存于非资本主义的社会阶层及社会结构形态的"[2]。卢森堡按照资本主义历史地发展过

---

[1] ［德］鲁道夫·希法庭，福民译：《金融资本》，商务印书馆，1994，第429～430页。

[2] ［德］卢森堡著，彭尘顺、吴纪先译：《资本积累论》，三联书店，1959，第289页。

程，将资本主义划分为三个阶段，并指明资本主义经历了资本对自然经济的斗争（阶段1）和对商品经济的斗争（阶段2）之后，便在世界舞台上通过殖民政策开始了对非资本主义社会形态的"歼灭战"（阶段3）。由此，卢森堡对资本主义新时代——帝国主义和军国主义的理解就成了其对社会资本积累理论考量逻辑上的必然结论，卢森堡认为，"帝国主义是一个政治名词，是用来表达在夺取尚未被侵占的非资本主义环境的竞争中所进行的资本积累的。"① 虽然帝国主义增强了资本主义的伸缩性、延长了资本主义的寿命，但是，在争夺非资本主义地区中日益激烈的竞争和在其对非资本主义世界的侵略中，将使资本主义最后阶段——帝国主义成为一个灾难时期。因此，"资本主义准备着在更加剧烈的痉挛震动下自身的灭亡"②。由此，卢森堡认为，国际工人阶级起来反抗资本的统治就成为一件必要的事情，工人阶级的社会主义解放只能是工人阶级自己的事情。因此，"到了一定的发展阶段，除了实行社会主义外，没有其他的出路"，社会主义的目的是发展全球生产力以便满足劳动人民的需求。因此，她始终站在经济文化落后国家无产阶级的革命立场上，坚决地反对帝国主义战争。不同于以往第二国际理论家对帝国主义的考察，卢森堡在对资本主义经济的分析中区别了资本积累的历史过程带给殖民国和殖民地人民的不同影响，卢森堡认为，"对资本主义而言，从殖民诸国剥夺最重要的生产资料，是它自己的死活问题；……对阻挠它发展的非资本主义社会组织安排有系统的破坏与歼灭"③，对列宁的"帝国主义论"产生了积极的影响。

　　这一时期，包括左、中、右在内的第二国际理论家都承认资本主义的新变化，并承认，这一新变化必将为社会主义开辟广阔的前景，但是他们对资本主义新时代的解读各不相同，并导致对社会主义实现方式的不同选择。以伯恩施坦为代表的第二国际右派理论家认为虽然资本主义发展到以垄断为特征的帝国主义阶段，资本主义矛盾极度加剧，但是资

---

① ［德］卢森堡著，彭尘顺、吴纪先译：《资本积累论》，三联书店，1959，第359页。
② ［德］卢森堡著，彭尘顺、吴纪先译：《资本积累论》，三联书店，1959，第365页。
③ ［德］卢森堡著，彭尘顺、吴纪先译：《资本积累论》，三联书店，1959，第292页。

本主义生产力仍显示出其强大的伸缩性和生命力，因此，他们主张在资本主义制度的范围内进行社会改良主义。改良主义的右派并不坚决反对政府的军国主义政策，甚至还带有沙文主义的倾向。在第一次世界大战期间，右派投票赞成了战争拨款案，在实践中支持帝国主义战争，在帝国主义战争问题上形成了一个最终导致第二国际的瓦解突破口。以考茨基为代表的"中派"主张在军事拨款问题上最好是弃权或者在要求政府没有侵略意图的情况下投赞成票；考茨基在一战前夕抛出了"超帝国主义论"。站在发达资本主义国家的立场上，考茨基否认帝国主义是资本主义的一个新阶段，而认为帝国主义只是先进的资本主义国家实行的一种政策；从整个无产阶级运动长远的共同的需要以及社会发展的需要出发，认为资本主义国家可以联合成具有无限发展可能性的国家联盟，过渡到"超帝国主义"阶段，用和平合作替代军备竞赛和战争，实现世界的持久和平。与此相反，卢森堡、列宁是站在经济文化落后国家的立场上，认为帝国主义的殖民和掠夺政策必将引起国际无产阶级的反抗。

第二节　考茨基的"超帝国主义"论

在考茨基写于1923年5月的自述《一个马克思主义者的成长》中，考茨基就透露出，由于"我的民族血统自始就不是单单限于一个民族。因此，我毫不费力地就接受了国际思想"，但是，"我接受的思想并不是一种对民族毫不关心和毫无了解的思想"，"而是一种力求以同样的关心和了解对待一切民族的思想，并且想要以各民族之间的自由和愉快的合作来使任何一个民族都能在地球上各得其所和繁荣昌盛的思想。"①由此可见，考茨基"超帝国主义论"的提出在一定程度上是和其多民

---

① ［德］卡尔·考茨基著，叶至译：《一个马克思主义者的成长》，三联书店，1973，第2页。

族血统有着些许的联系的，在学理上是他从整个无产阶级运动长远的共同的需要以及社会发展的需要为考量的。考茨基是站在期许发达资本主义国家长久、"和平"发展的立场上，认为"超帝国主义"是高度发展的工业资本民族扩张意图的一种可能表现形式。早在1902年的《社会革命》中，考茨基就对资本主义的新发展就有了中肯的认知，考茨基说"经济发展在统治阶级中唤起了要垄断市场、要征服海外属地的贪欲，并且用金融巨头的强暴观点代替了工业资本家的倾向于保持和平的观点，从而经济发展本身就创造了新的危机温床和危机原因、新的摩擦面和战争纠葛的新缘由。"[1]

在1914年一战前数星期，考茨基在《帝国主义》（1914）一书中第一次完整地提出了"超帝国主义论"，并于9月发表在《新时代》上。此后，这一理论在考茨基的《民族国家、帝国主义和国家联盟》(1915)、《两本论述重新学习的书》（1915）、《再论我们的幻想》(1915)、《帝国主义战争》（1917）和《国防问题和社会民主党》(1928)等文章中进一步得到阐述。在《再论裁军》（1912）一文中，考茨基对帝国主义的实质所作的论断就是其"超帝国主义"的萌芽。考茨基在文中指出，帝国主义"不是从工业发展的需要、从资本扩张的需要产生的，而是由于在这一发展过程中，军人、官僚和金融巨头变得越来越有权势，越来越支配整个社会生活，越来越发展了对外和对内政策中的强暴精神并且越来越使工业资本和小资产阶级服从自己而产生的"[2] ……因此，考茨基认为帝国主义只是贯彻资本的自然必然的扩张意图、开辟新的市场和投资可能性的意图的一种特殊的方法，即暴力的方法；"帝国主义精神是经济发展的必然结果，但是暴力的方法绝不是经济进步的一个必要条件；无产阶级的任务是从各个方面去反对这一暴力精神的各种表现"[3]。同时，考茨基还将帝国主义精神、军备竞赛和

---

[1] ［德］卡尔·考茨基著，何江、孙小青译：《社会革命》，人民出版社，1980，第66页。

[2] 中共中央编译局资料室编：《考茨基言论》，三联书店，1973，第139页。

[3] 中共中央编译局资料室编：《考茨基言论》，三联书店，1973，第139页。

战争三者的关系给予清楚地说明，指出：客观存在着资产阶级的裁军运动，不是个别和平幻想家的一厢情愿；而"军备竞赛根本不是现代大国的必不可少的生存要素。相反，它们之中的最主要国家的切身利益正在越来越大地受到军备竞赛的威胁"，因此，"如果不达成自愿裁军，战争就是必然出路"，"不是战争，就是裁军，问题就是这样摆着的。"①由此，考茨基得出结论说，"对于西方列强的资本主义来说，在协议基础上的裁军并不是意味着放弃资本主义的进一步扩张。……下述情况才是正确的，即西欧的军备负担越少，就会有更多的资金可以用来在中国、波斯、土耳其、南美洲等起修筑铁路，而这些工程同建造'无畏舰'比起来，是促进工业发展的一个更为有效得多的手段。"② 这样以来，其"超帝国主义"的思想就呼之欲出了。下面，我们就简要介绍考茨基"超帝国主义论"的主要内容：

1. "超帝国主义"是高度发展的工业资本民族扩张意图的一种可能表现形式

在《帝国主义》一文中，考茨基第一次完整地提出了"超帝国主义论"。考茨基首先对"帝国主义"进行了定义，他指出，帝国主义是高度发展的工业资本主义的产物。资本主义的扩展能力越强，其要求扩张到"为工业提供食品和原材料以及同时提供消费者的"农业区域的欲望就越强烈。因此，"帝国主义是每个工业资本主义民族力图征服和吞并越来越多的农业区域，而不管那里居住的是什么民族。"③ 帝国主义就是这里所谈论的征服和吞并意图的一种特殊形式。这种意图是资本主义的生存条件，但并不是必要条件，也可能采取其他很不相同的形式。

考茨基接着解释说，帝国主义作为高度发达的资本主义所采取实现扩张和吞并意图的特殊形式，像它在半个世纪以前所采取的另外一种形式——自由贸易的形式一样，被看成资本主义的顶峰。那么，同样地，

---

①　中共中央编译局资料室编：《考茨基言论》，三联书店，1973，第137页。
②　中共中央编译局资料室编：《考茨基言论》，三联书店，1973，第140页。
③　中共中央编译局资料室编：《考茨基言论》，三联书店，1973，第164页。

"帝国主义是否就是资本主义世界政策的最后可能的表现形式，或者还可能有另一种表现形式吗?"① 这种占领和奴役农业地区意图的特殊形式，引起了资本主义工业国之间尖锐的对立，这些对立又促使各个资本主义国家进行军备竞赛，使得世界大战再所难免。因此，考茨基认为，一方面，帝国主义只有通过社会主义才能被消灭；但是另一方面，资本主义还不一定因帝国主义政策就到了穷途末路，"从纯粹经济的观点来看，它还能够继续发展，只要老资本主义国家日益发达的工业还能够促成农业生产的相应扩展；当然，这种扩展会随着世界工业增长幅度的日益提高和尚未开发的农业地区的不断缩小而越来越困难。"② 但是，在它还没有达到这个限度之前，除非"它固然可能因为无产阶级日益增长的政治反抗而垮掉，但是它一定不会由于经济崩溃而毁灭"③，考茨基认为，反而日益增长的帝国主义政策将过早地引起资本主义经济的破产。因此，现在从帝国主义列强的世界大战中也能够导致最强大的国家联合；即"超帝国主义"阶段："从纯粹经济的观点看来，资本主义不是不可能再经历一个新的阶段，就是把卡特尔政策应用到对外政策上的'超帝国主义'的阶段"④ 来替代帝国主义政策。该书出版的时候，一战已经爆发，因此考茨基略加修改和补充后于1914年9月11日发表，考茨基还在文章的最后预言道，现在"战争持续得越持久，它越使得一切参战国筋疲力竭并且对武装交锋的迅速重演感到畏缩，我们也就愈加接近后一种解决办法，虽然它现在看来还是很不可能的。"⑤

2. "超帝国主义论"的出发点和落脚点是整个无产阶级运动以及社会发展的需要

在考茨基写于1915年2月的《民族国家、帝国主义和国家联盟》一文中，考茨基比较系统地阐述了"超帝国主义论"。考茨基认为，资本主义生产日益增长的伸缩性和适应能力，这绝不意味着资本主义的生

---

① 中共中央编译局资料室编：《考茨基言论》，三联书店，1973，第169页。
② 中共中央编译局资料室编：《考茨基言论》，三联书店，1973，第171页。
③ 中共中央编译局资料室编：《考茨基言论》，三联书店，1973，第171页。
④ 中共中央编译局资料室编：《考茨基言论》，三联书店，1973，第172页。
⑤ 中共中央编译局资料室编：《考茨基言论》，三联书店，1973，第173页。

存能力日益增强，而是资本主义发展越来越接近于具有社会主义生产方式特色的生产形式。这样以来，一个好的"马克思主义者"总不能违抗这种"总的发展趋势"，而得出"只要我们还没有得到社会主义，我们就必须是帝国主义者"① 的结论。

　　帝国主义政策只是一个实力问题，而不是经济的必然性问题。"对于资本主义经济生活来说，帝国主义不仅不是必要的，它对这种经济生活的意义还被漫无边际地大肆夸张了。"② 考茨基指出，帝国主义的武力扩张政策，今天在资本主义的各种扩张方法中是最费钱和最危险的，绝不是最有效的一种；可以采取能使经济更好地朝前发展到持久和平的"国家联盟"甚至是"世界联盟"的方法，这也是社会民主党的要求。"国际的和平纲领从整个无产阶级运动长远的和共同的需要以及从社会发展的需要出发的"③，以便在体力上、精神上和政治上加强无产阶级，使得从资本主义到帝国主义的过渡可以在没有经济破产的情况下实现。

　　3. "超帝国主义论"是考茨基用理论力量担负对资本主义发展趋势见解的结果

　　在第一次世界大战期间，德国的社会改良主义这提出了"重新学习"的口号，借口新形势篡改马克思主义的基本原理，在德国社会民主党内出现了"重新学习派"。为了反对右派的沙文主义倾向，考茨基在 1915 年撰写了《两本论述重新学习的书》进一步补充了"超帝国主义论"。考茨基指出，马克思主义者不满足于描述"帝国主义"意图，而是要对于发展趋势提出洞见，"我们的策略是不是幻想，将取决于对以下问题的回答：我们是否已经正确地认识资本主义的趋势"④。考茨基认为，现在的帝国主义政策能否被新的、超帝国主义的政策取代，用国际上联合起来的金融资本对世界的共同剥削来替代各国金融资本间的相互斗争，无论如何，这一新阶段是可以被设想的。"至于它能否实

① 中共中央编译局资料室编：《考茨基言论》，三联书店，1973，第 200 页。
② 中共中央编译局资料室编：《考茨基言论》，三联书店，1973，第 202 页。
③ 中共中央编译局资料室编：《考茨基言论》，三联书店，1973，第 210 页。
④ 中共中央编译局资料室编：《考茨基言论》，三联书店，1973，第 228 页。

现，目前还没有足够的前提来回答"①，目前战争的形势可能导致金融资本增加之间的民族仇恨达到极致，使军备竞赛继续，使第二次世界大战不可避免，从而完全摧毁超帝国主义的萌芽；也可能达到各民族间的协议、裁军和持久和平，使超帝国主义的萌芽成长起来。"我们的任务是看得更远，要看到战争以后"②。后来，在《帝国主义论》中，考茨基表明了"中派"的立场，即在战争中，"中派"是有原则地从国际无产阶级的长远的共同利益的立场出发的，"这是我们过去和现在坚定不移地遵循的指针。从这种方针出发，人们在估计某一特殊局势及其后果时，有可能有错误。然而，即使暂时发生错误，但人们也不会离开那条始终导向全世界无产者的联合的道路"③。

综上所述，所谓的"超帝国主义"构想，指的是一种建立在资本主义生产方式伸缩性和适应性基础上的旨在消除战争的实现长久和平的新联盟，这种联盟的落脚点在于以便能够没有痛苦地长入社会主义。实践证明，在当时，资本主义不可能做到完全有计划的发展，也不可能消除竞争和战争。"超帝国主义论"在当时是不现实的，它忽视了帝国主义时代资本主义发展的不平衡性，试图掩盖帝国主义制度下尖锐的民族矛盾和社会矛盾。对此，列宁曾经明确地指出，考茨基的"超帝国主义论"从理论上讲，是脱离当时社会实际的纯粹的抽象概念。但是，历史同样表明，站在新的历史形势下，"超帝国主义"在二战后已逐步发展成为资本主义发展过程中的一种可能趋势。因此，结合当代资本主义世界的新发展，重新审视考茨基的"超帝国主义论"是十分必要的。今天，资本主义将其统治通过现代化、国际化和全球化扩展到全世界，在这一的情况下，密切关注资本主义的新变化及其历史命运，将成为我们观测 21 世纪社会主义的热点问题之一。

---

① 中共中央编译局资料室编：《考茨基言论》，三联书店，1973，第 229 页。
② 中共中央编译局资料室编：《考茨基言论》，三联书店，1973，第 210 页。
③ 中共中央编译局资料室编：《考茨基言论》，三联书店，1973，第 247 页。

第三节　列宁的"帝国主义"论

第一次世界大战开始后不久，列宁在 1914 年 9 月侨居瑞士期间，开始了对帝国主义问题的系统研究。为此而参阅了 148 册各种文字的书籍，232 篇有关论文，作了 15 本共约 60 多万字的笔记。于 1916 年写成、并于 1917 年 4 月在彼得格勒出版了《帝国主义是资本主义的最高阶段》一书（简称《帝国主义论》）。这部著作成为马克思主义发展到列宁主义阶段的主要标志。列宁的"帝国主义论"是在吸收和批判霍布森等小资产阶级改良主义批评家；希法亭的"金融资本论"与考茨基的"超帝国主义论"，同时借鉴卢森堡的"资本积累理论"、拉法格的《美国托拉斯及其经济、社会和政治意义》的基础上等提出的。

列宁对帝国主义的科学分析，是将马克思主义与经济文化落后民族相结合的产物。列宁站在经济文化落后民族的立场上，总结了《资本论》出版以后半个世纪资本主义发展的新情况，全面分析了帝国主义时代的经济关系及其本质特征的基本矛盾，揭示了帝国主义产生、发展和必然灭亡的客观规律，从而创立了马克思主义的帝国主义学说。列宁的帝国主义论奠定了帝国主义无产阶级革命的思想理论基础，依据这一分析，列宁从社会政治意义上得出结论：帝国主义是无产阶级社会革命的前夜①，资本主义发展的不平衡规律使得"社会主义能够在一国或数国首先取得胜利"。列宁的"帝国主义论"在西方的无产阶级革命与东方落后民族国家的解放运动中架起一座桥梁，奠定了帝国主义时代俄国无产阶级革命的思想理论基础，开创了无产阶级革命的新局面。这一理论具有独具特色的理论品质，它的内容主要包括以下几个方面：

---

① 列宁：《列宁选集》第 2 卷，人民出版社，1995，第 737 页。

1. 唯物辩证法是列宁帝国主义论的哲学基础

1914 年第一次世界大战开始后，列宁侨居瑞士同国内的联系日益困难，实际的政治活动减少。在这期间，为了同折衷主义和庸俗进化论作斗争，列宁阅读了大量的哲学著作，全面研究和阐述了唯物辩证法理论，为认识和分析俄国国情提供了科学的方法论，并提出了社会主义可以在资本主义统治的薄弱链条率先突破的"一国胜利论"。在广泛阅读哲学著作时，列宁作了许多带有注释和评论、摘录的笔记，后来成为列宁《哲学笔记》的重要组成部分，对唯物辩证法做出了创造性的贡献。在这本书中，列宁对辩证法体系进行了有重大意义的探索，提出对立统一规律是辩证法的核心和实质，进一步丰富了马克思主义认识论，强调辩证法、逻辑和认识论三者是统一的。列宁对辩证法的理论研究为研究帝国主义问题奠定了理论基础，为解决时代提出的迫切课题和俄国的现实问题提供了科学的方法论。

2. 帝国主义是垄断的、寄生的、垂死的资本主义

列宁的《帝国主义是资本主义的最高阶段》（以下简称《帝国主义论》）（1916 年 1 月 – 6 月）是对 20 世纪初期全世界资本主义经济在其国际相互关系上的总的情况的说明，同时，也是为了特别批判"考茨基主义"的"超帝国主义"的和平调调和社会沙文主义对第二国际的叛变行为而写的。列宁指出，第一次世界大战，"从双方来说，是帝国主义的（即侵略的、掠夺的、强盗的）战争，都是为了瓜分世界，为了瓜分和重新瓜分殖民地、金融资本的'势力范围'等等而进行的战争"①；如果不充分认识帝国主义的经济根源和这个现象的政治意义和社会意义，那么，"在解决共产主义运动和即将到来的社会革命的实践任务方面，就会一步也不能前进，帝国主义是无产阶级社会革命的前夜。从 1917 年起，这已经在全世界范围内得到了证实"②。

在这本著作中列宁给帝国主义下了一个尽量简短的定义，指出"帝国主义是资本主义的垄断阶段"，同时指明帝国主义在经济方面具

① 列宁：《列宁选集》第 2 卷，人民出版社，2012，第 577 页。
② 列宁：《列宁选集》第 2 卷，人民出版社，2012，第 582 页。

有的五个基本特征：（1）生产和资本的高度集中，造成了在经济生活中起决定作用的垄断组织，垄断成为"资本主义发展的最新阶段"的最新成就；（2）银行资本和工业资本已经融合起来，在"金融资本"的基础上形成了金融寡头；（3）与商品输出不同的资本输出有了特别重要的意义；（4）瓜分世界的资本家国际垄断同盟已经形成；（5）最大资本主义列强已经把世界上的领土分割完毕：我们处在一个同"资本主义发展的最新阶段"即金融资本密切联系的世界殖民政策的特殊时代。其中，垄断代替自由精神，是帝国主义的根本经济特征，是帝国主义的实质。因此，列宁认为（1）"帝国主义是发展到垄断组织和金融资本的统治已经确立、资本输出具有特别重大的意义、国际托拉斯开始分割世界、最大的资本主义国家已把世界全部领土分割完毕这一阶段的资本主义。"① （2）帝国主义在经济上的垄断，决定了它所特有的寄生性和腐朽性。（3）列宁还进一步解释了资产主义生产方式的基本矛盾在帝国主义阶段的尖锐性，从而必然使资本主义结构过渡到更高级的社会经济结构。因此，帝国主义使"过渡的资本主义，后者更确切地说，是垂死的资本主义。"结合对帝国主义的分析，列宁在《帝国主义和社会主义运动中的分裂》（1916 年 8 月）一文中，给帝国主义下了一个完备的定义，"帝国主义是资本主义的特殊历史阶段。这种特殊性分三个方面：（1）帝国主义是垄断的资本主义；（2）帝国主义是寄生或腐朽的资本主义；（3）帝国主义是垂死的资本主义"。② 这些都为"社会主义可以在一国或数国首先胜利"理论的提出奠定了背景基础。

3. "社会主义可以在一国或数国首先胜利"理论的提出

经典马克思主义依据对欧洲和世界资本主义的研究表明，由于社会主义革命是以生产力的普遍发展和世界交往的普遍发展为前提的，因此社会主义革命只有在主要资本主义国家同时发生时才能取得胜利，共产主义只有作为世界历史性的存在才有可能实现，"只有作为占统治地位

① 列宁：《列宁选集》第 2 卷，人民出版社，2012，第 651 页。
② 列宁：《列宁选集》第 2 卷，人民出版社，2012，第 883 页。

的各民族'一下子'同时发生的行动，在经验上才是可能的"①。在《共产党宣言》中，马克思和恩格斯就指出，无产阶级的"联合行动，至少是各个文明国家的联合的行动，是无产阶级获得解放的首要条件之一"②。

1916 年 8 月，列宁在《无产阶级革命的军事纲领》一文中，首次表述了"社会主义可能在一个或几个国家内获得胜利"的著名思想。列宁认为，帝国主义在加速最落后国家的资本主义发展的同时，势必经常导致被压迫民族的民族斗争。由于资本主义的发展在各个国家是极不平衡的，而帝国主义时代必然产生和培育"反对民族压迫斗争"和"无产阶级反对资产阶级的斗争和起义"，这两种革命战争的汇合将首先在一个或几个国家内获得胜利，而其余的各国在一段时间内仍然是资产阶级或资产阶级以前的国家。"在一国取得胜利的社会主义绝不能一下子根本排除一切战争"③。但是，列宁补充道，在帝国主义时代，在阶级社会里，除了武装无产阶级，我们没有而且也不可能有其他摆脱被压迫被虐待的出路，这种革命策略是资本主义军国主义的客观发展所准备、奠基和交给无产阶级的。列宁并不反对争取改良的斗争，但是列宁认为这只是"逃避现实"的行径，而绝不应该作为国际革命社会民主党的国际性的纲领。资本主义经济政治发展的不平衡的规律，是列宁关于社会主义可能在一国或数国首先取得胜利的科学论断的依据。它极大地鼓舞了各国无产阶级和被压迫民族劳动群众对本国统治阶级的主动进攻精神，为它们夺取革命胜利指明了道路，为十月革命奠定了理论基础。

需要说明的是，这里列宁的"一国胜利论"并未明确指出"一国"是帝国主义链条上的薄弱环节——俄国。直到 1917 年二月革命以后，列宁才提出了经济相对落后的俄国能够先于西方国家建立无产阶级政权的思想。这是建立在对帝国主义时代科学分析基础上对经济文化落后国

---

① 马克思，恩格斯：《马克思恩格斯文集》第 1 卷，人民出版社，2009，第 539 页。

② 马克思，恩格斯：《马克思恩格斯文集》第 2 卷，人民出版社，2009，第 50 页。

③ 列宁：《列宁选集》第 2 卷，人民出版社，2012，第 722 页。

家社会主义革命策略的理论创新，十月革命的胜利第一次将科学社会主义理论变为现实，建立了世界上第一个无产阶级领导的、以工农联盟为基础的、各民族平等的无产阶级专政国家，证实了列宁关于社会主义革命有可能"首先在一个或几个国家内获得胜利"理论的科学性，在此基础上，列宁开始了关于无产阶级专政和无产阶级新型民主理论、无产阶级政党建设理论、新经济政策和苏联建设社会主义的曲折探索。列宁主义的诞生是列宁结合工业化进程的世情和俄国的国情创造性地将落后国家的民族解放运动和无产阶级革命运动有机结合起来的产物。

　　列宁主义的诞生将马克思主义理论与现实的结合推向了一个新的历史发展阶段。列宁在去世前口授的《论我国革命》（1923年）一文指出，"在东方那些人口无比众多、社会情况无比复杂的国家里，今后的革命无疑会比俄国带有更多的特殊性。"① 这些国家都有一些共同的特点，那就是深受本国国内专制制度的压迫和帝国主义的剥削、本国资本主义发展不充分甚至处于前资本主义阶段、政治权利和民主意识淡薄等等。近代以来的中国一直受着本国封建主义和帝国主义的双重压迫，因此，"对中国来说，像西欧那样，首先使资本主义生产高度发达起来，而后再进一步考虑进行社会主义革命，这条道路是行不通的。"② 所以，在中国，中国共产党领导中国人民首先进行了反帝反封的新民主主义革命，而后经过社会主义改造在中国确立了社会主义制度。这对中国特色社会主义道路的合理性有着深刻的说明意义。而后，苏联模式的失败并不意味着马克思主义和列宁主义失败，而是缘于苏联一些领导人对马克思主义基本原理的放弃与背叛。

---

① 列宁：《列宁选集》第4卷，人民出版社，2012，第778页。
② 沙健孙．：《列宁论俄国进行社会主义革命的时代和社会历史条件——〈论我国革命——评尼·苏汉诺夫的札记〉》，《思想理论教育导刊》，2011年第4期。

第四章

实现社会主义的方式之争

在第二国际的整个历史时期内，在其所涉及的大多数国家内，"改良抑或是革命"的方式之争一直是各国理论家们不断争论着的问题的实质。显然，大家公认的是，资本主义迟早注定会被社会主义所取代，这一任务是由无产阶级通过革命来完成的；然而，在企图建立社会主义来取代资本主义的方式问题上，有两种截然不同的方式选择："和平改良（——最后决战）"抑或"暴力革命"；这两种方式之争的实质是基于马克思主义与文化传统不尽相同的各国现实结合而产生的分歧。在第二国际期间，正是关于社会主义的实现方式之争最终导致了马克思主义的分野与第二国际的瓦解。

第一节　暴力革命抑或和平改良

伯恩施坦主义在德国社会民主党内的出现触发了在第二国际内部围绕"暴力革命抑或是和平改良"的广泛争论。1902年，考茨基就在《社会革命》一书中阐明，对于社会革命这一词，不同的人理解的含义不尽相同，而且在不同时期使用，含义也会有较大的差别，这些都是正常的。在有些人看来，社会革命就意味着诸如街垒战、断头台、九月屠杀之类的暴力和恐怖行为；而另一些人把社会革命理解为社会在渐进过程中实现的一种巨大的和平变革，类似于发现美洲或发明蒸汽机所引起的变革。而且在两者之间，还可能会有各种各样中立的看法。考茨基认为，现阶段，伯恩施坦主义的出现及其在我们队伍中所引起的争论正是因为有人用社会改良来对抗社会革命。在此，考茨基对社会革命和社会改良进行了区别，考茨基说，"社会革命，其主要特征就在于：它是由一个迄今一直受压迫的阶级来夺取国家权力的政治革命；而谁在原则上否认政治革命是社会变革的手段并力图使革命变革局限于实现统治阶级所允许的措施，那他就是社会改良派，不管他的社会理想与现存的社会形式何等背道而驰。"① 考茨基拿"革命"与"分娩"作类比，认为，器官在母体内必然要经历一个长期过程的发育，器官发展到了一定的程度，分娩的革命行动就一定不可避免。革命也是人类社会中缓慢的、逐渐发展（演进）的结果。

后来，科尔在《社会主义思想史》中回顾第二国际历史时也区分了两种不同气质的革命，认为在同旧制度和旧理念实行最彻底决裂的过程中，"虽然有一些革命者喜欢想到暴力和'流血革命'，或者甚至以此为荣，但是另外有一些人或多或少地非常不喜欢它，认为暴力是一种不受欢迎的必要手段，只要革命得以成功，应该把它压到最低程度。这是一种极其重要的气质上的差别，当然大多数革命者并不属于任何一个极端"② 。科尔认为，除了托尔斯泰主义③者以外，几乎所有革命者都设想革命必然包括某种暴力因素。暴力的多寡和程度可能有大有小，这还要看情况而定，"在比较先进的国家，革命论者在某种程度上说来常常是一个浪漫主义者；而在落后国家他就可能不是这样——他可能就是一个被暴政或者压迫所激怒的人，或者是一个希望报复因而冷静地理智

---

① ［德］卡尔·考茨基著，何江、孙小青译：《社会革命》，人民出版社，1980，第9页。

② ［英］G. D. H. 柯尔著，何慕李译：《社会主义思想史》第三卷（下），商务印书馆，1986，第416页。

③ 道德的自我完善，不以暴力抗恶，博爱。

地从事于他自己选定的工作的人"①。也就是说，在专制统治横行、资本主义经济和民主政治发展的不成熟的俄国，无产阶级反对资产阶级的斗争与农民反对地主的革命独特地集合在一起，因此，对于拥护革命的人来说，革命就十分经常地意味着"流血革命"，只有这样完成革命任务的可能性才会比在先进国家大得多；然而，在一个拥有民主传统的国家，"革命"就意味着改良，等到经济与组织社会化程度为社会主义蓄积更多的有利条件，无产阶级大批信仰社会主义事业时才是取得社会主义革命胜利的时机。总体说来，科尔认为，"改良主义者是乐观论者，革命论者是悲观论者。一方面，革命论者在资本主义制度下的'日益贫困'与社会主义计划和建设下的'日益繁荣'之间划了一条鲜明的界线，而改良主义者却不承认有这种鲜明的界线，对于他们来说，社会主义并不是一个绝对的问题，而是程度多少的问题"②。

在第二国际时期，以考茨基为代表的德国社会民主主义也认为没有革命就没有社会主义，但是他们认为这需要一个很长的准备时期，以便资本主义的生产程度得到高度发达；同时无产阶级人数众多、组织良好并且既通晓本阶级的状况，又洞悉国家和社会的本质：只有这样无产阶级才有可能夺取和保持国家政权。但是仍然要通过革命才能实现社会主义社会，单纯依靠日积月累的单独改良是不能将资本主义改变成为社会主义的。以卢森堡和列宁为代表的左派理论家则认为，"工人阶级的赤贫化"正在不断形成，教育和促使工人阶级进行社会主义革命的时机不久就会到来。以伯恩施坦为代表的右派理论家主张社会改良主义，以期"和平长入社会主义"。

---

① ［英］G. D. H. 柯尔著，何慕李译：《社会主义思想史》第三卷（下），商务印书馆，1986，第417页。

② ［英］G. D. H. 柯尔著，何慕李译：《社会主义思想史》第三卷（下），商务印书馆，1986，第436页。

第二节 围绕三个问题的理论交锋

下面，我们将通过展现在第二国际时期理论家们围绕"如何看待伯恩施坦主义"、"如何看待'政治性群众罢工'"和"如何看待俄国革命"等主要问题所进行的理论争论，深入阐明他们对实现社会主义方式问题的思考。

一、有关伯恩施坦主义的争论

从 1898 年至 1903 年，在德国社会民主党的五次代表大会①上乃至第二国际内部围绕伯恩施坦主义所提出的实现社会主义的方式问题都进行了广泛而激烈的争论。1898 年，德国社会民主党在斯图加特代表大会就伯恩施坦主义问题展开的激烈争论，揭开了马克思主义反对伯恩施坦主义斗争的序幕。德国社会民主党在斯图加特代表大会给伯恩施坦主义以迎头痛击；党一致声明：坚持最终目的，坚持取得政权以废除资本主义制度；对社会改良和不知不觉地渐入社会主义丝毫不抱幻想。在1899 年汉诺威代表大会上，围绕《社会主义的前提和社会民党的任务》一书进行了 4 天的讨论，最终否定了伯恩施坦在《社会主义的前提和社会民主党的任务》中提出的理论和策略。1901 年卢贝克代表大会关于伯恩施坦问题的议案毫无保留地承认伯恩施坦主义所提出的问题和自我反思对于党在思想上的继续发展是必要的。但是，伯恩施坦对资产阶级社会及其代表不加批评的暧昧做法，引起党内大部分同志的不满。1903年的德累斯顿大会前，德国社会民主党取得了空前胜利，一跃成为国会第二大党；因而，这次大会的主要议程就是探讨党的策略问题。大会于9 月 19 日通过了《关于党的策略问题的决议》，被德国社会民主党自认

---

① 1898 年斯图加特代表大会、1899 年汉诺威代表大会、1901 年卢卑克代表大会、1902 年慕尼黑代表大会和 1903 德累斯顿代表大会。

为是反对伯恩施坦主义的胜利。决议表明，"党代会非常坚决地谴责修正主义者的企图：改变我们以阶级斗争为基础的、久经考验和已经取得辉煌成就的策略，用一种迎合现存制度的政策代替通过战胜我们的敌人来夺取政权的政策。"①但是决议也表明，国会党团要运用选民群众的力量一如既往地阐明社会民主党的目的，并且利用这一力量保卫工人阶级的利益，扩大工人的政治自由和平等权利。

此后，德国社会民主党再也没有在自己的大会上对伯恩施坦主义进行过讨论和批判。但是，无论是伯恩施坦本人还是他的支持者在会后都没有改变自己的观点，伯恩施坦主义仍在继续。需要说明的是，这一时期在批判伯恩施坦主义的问题上，左派与考茨基的立场基本是无异的。在这期间，考茨基同伯恩施坦主义的理论争论反映了他立足具体的德国现实，对德国实现社会主义方式的积极思考；卢森堡也对伯恩施坦主义提出了批评，并指明无产阶级夺取政权是以经济政治情况的一定的成熟度为前提并通过"过早"地进攻取得的；列宁批判伯恩施坦主义并同"伯恩施坦改良主义在俄国变种"经济派和孟什维克等的理论论战是他积极探索适合俄国国情的革命道路的过程。

（一）考茨基：辩证地考察伯恩施坦主义，指明德国社会民主党的当前任务是发展无产阶级民主以壮大资产阶级民主铲除封建制度的残余

1898 年，伯恩施坦在《致德国社会民主党斯图加特代表大会的书面声明》中指出，他反对社会民主党根据"我们面临着指日可待的资产阶级社会崩溃"这种即将到来的巨大社会灾变来确定党的策略或使党的策略以它为转移。伯恩施坦认为，"……《共产党宣言》对于现代社会所下的预断，如果只就它对于这一发展的一般趋势的描绘来说，是正确的。但是它的许多具体结论，首先是它对于发展所需时间的估计，则是错误的。……既然经济发展所需时间远比原来假定的要长得多，那

---

① 中共中央编译局国际工运史研究室编：《德国社会民主党关于伯恩施坦问题的争论》，三联书店，1981，第606页。

么，发展所采取的形式和它将达到的状态，也必然是《共产党宣言》所没有预见到而且也不可能预见到的。"① 伯恩施坦认为，"资本主义适应论"给社会主义运动所指明的道路比"灾变论"更有希望。在先进的国家中，阶级斗争已经采取了比较缓和的形式，因此，在一百年以前需要暴力和流血革命才能实现的改革，现在只要通过议会手段、示威游行和类似的威逼手段就可以实现了。奥艾尔、福尔马尔、海涅等人发言支持伯恩施坦。

考茨基在听完伯恩施坦的《声明》后发言说，"肯定无疑的是，马克思的这句话今天还是对的：资本的增加意味着无产阶级的增加"，……"我想不起恩格斯有任何一句话会证明从今以后没有灾变的可能性"②。伯恩施坦的这一看法是以很可靠的英国事实为依据的，这些事实在德国找不到。马克思在二十多年以前已经说过，在英国这样的国家从资本主义到社会主义的和平过渡是可能的，但是，"我们欧洲，到处都是专制主义和军国主义统治着的官僚，不仅在君主制国家中如此，在法国也是如此。此外，我们欧洲大陆上大地产还起着决定性影响，资产阶级向刺刀的统治低头，它已经不再是一种民主力量。我们这里只有一种民主力量，这就是无产阶级。""在我们这里，民主的胜利取决于无产阶级的胜利"；因此，这一时期，社会民主党面临的任务还是，发展无产阶级民主以壮大资产阶级民主铲除封建制度的残余。考茨基强调，"历史的进程不是由虔诚的愿望决定的，而是由事实决定的，事实告诉我们，英国的道路对我们来说是行不通的"，"我们正处于日益发展的反动势力的支配下"，"这是我们可能有的前途，在这种前景之下，伯恩施坦所建议的道路是不能想象的"。③ 可见，在考茨基看来，伯恩施坦主义并不符合当时半民主半专制的德国现实。

---

① ［德］爱德华·伯恩施坦著，殷叙彝译：《社会主义的前提与社会民主党的任务》，三联书店，1965，第2页。

② 中共中央编译局国际工运史研究室编：《德国社会民主党关于伯恩施坦问题的争论》，三联书店，1981，第46页。

③ 中共中央编译局国际工运史研究室编：《德国社会民主党关于伯恩施坦问题的争论》，三联书店，1981，第47~49页。

但是，在发言的结尾，考茨基也指明，"伯恩施坦并没有使我们丧失勇气，而只是促使我们深思熟虑。为此，我们要感谢他。但是我们不想按照他向我们建议的道路斗争，我们要按照条件为我们规定的道路斗争，那时我们就会胜利。"① 其实，在大会之前，考茨基就曾致信维·阿德勒说，要改变伯恩施坦的环境，要他离开伦敦，这样以来"他的想法或许和今天一样，但说法就会不一样了"。而同时，"要揭露这一幻想（指伯恩施坦的和平长入社会主义），就必须做到使我们的人能接受这种揭露，而敌人又不会把它看成是让步。我很乐意读它的著作并且从中不断学习，但是我发现有许多事情它没有讲清楚，反而弄混乱了"。② 斯图加特代表大会以后，考茨基建议伯恩施坦写一本书来系统说明自己的观点，以便"根据新的事实来重新检验和修正我们的观点"③。1899 年 3 月，《社会主义的前提和社会民主党的任务》一书发表，是对其社会改良主义理论和策略的系统阐述。之后，考茨基代表正统马克思主义者作了"全面的"回答。考茨基后来回忆认为，"我们当时在策略上的分歧已经由于革命而变得毫无意义了；革命已造成一种完全新的形势，这种形势已使策略问题完全改观。但是，关于理论上的分歧，……不仅没有导致马克思主义的破产，反而在政治上和科学上大大地提高了马克思主义的地位。像我们这样的人常常可能重复马克思有一次针对一个热忱信奉但并不十分理解马克思主义的人所讲过的一句话：'如果这就是马克思主义的话，那么我不是马克思主义者。'"④

与此同时，实践上的"修正主义""米勒兰入阁"入阁事件便成为1900 年第二国际巴黎大会上"夺取社会权力和同资产阶级政党联盟"这一议程的中心问题；大会以 29 票通过考茨基提出的议案。议案的内

---

① 中共中央编译局国际工运史研究室编：《德国社会民主党关于伯恩施坦问题的争论》，三联书店，1981，第 50 页。

② 中共中央编译局国际工运史研究室编：《德国社会民主党关于伯恩施坦问题的争论》，三联书店，1981，第 4 页。

③ 中共中央编译局国际工运史研究室编：《德国社会民主党关于伯恩施坦问题的争论》，三联书店，1981，第 99 页。

④ ［德］卡尔·考茨基著，叶至译：《一个马克思主义者的成长》，三联书店，1973，第 22 页。

容是这样的，"在现代民主国家内，无产阶级夺取政权不可能是某种袭击的结果，而只可能是为了经济上或在政治上把无产阶级组织起来而从事长期的艰巨工作的结果，是工人阶级的体质上和精神上得到复兴以及逐步夺取市政机构和立法机构的结果。但是，在政府实行集权制的国家里，政权是不可能一部分一部分地取得的。个别社会党人参加资产阶级政府，不能认为是夺取政权的正常开端，而只能认为是迫不得已采取的暂时性的特殊手段。如果在某种情况下，政治形势要求作这种冒险的尝试，那么，这是一个策略问题，而不是原则问题；"[①] 考茨基的决议案是中肯的，而且基本上继承了恩格斯晚年有关无产阶级实现社会主义方式调整的思想，决议案反映了考茨基在新的历史形势下对无产阶级实现社会主义方式的思考。这一决议案被费利指责为"关上门却又打开窗"的"橡皮性的规定"[②]，"橡皮性决议"[③] 的名称由此而来。殷叙彝先生认为，"考茨基决议基本上是符合当时国际工人运动的实际情况和第二国际的组织原则的，因此基本上是正确的"[④]。

通观这一时期考茨基就伯恩施坦主义所进行的思考，以下三点是我们在理解考茨基时需要把握的：

首先，考茨基认为伯恩施坦主义是不符合德国半专制半民主的现实的。它的产生是同党失去了接触从而形成的对党的完全错误的看法。考茨基分别以英国、美国和欧洲大陆举例说明，伯恩施坦主义是以英国的事实为依据的，在那里，和平过渡是有可能的，牺牲较少，这也是我们所期望的；但是回到具有暴力灾变倾向的美国，那么就可以推翻伯恩施坦的理论；回到欧洲大陆尤其是军国主义和封建主义发达的德国的事实来，和平过渡对德国也是行不通的。考茨基指出，伯恩施坦的策略是先取得民主，然后进一步把无产阶级引向胜利；但是，"我们这里的情况

---

① 中共中央编译局国际工运史研究室编：《米勒兰事件》，三联书店，1980，第44页。
② 中共中央编译局国际工运史研究室编：《米勒兰事件》，三联书店，1980，第51页。
③ 在德文中，橡皮一词"Kautschuk"与考茨基名字的拼法"Kautsky"很接近，因而费利用它来讽刺考茨基。
④ 殷叙彝：《第二国际研究》，中央编译出版社，1998，第294页。

恰好相反"①，在德国，是要依靠无产阶级的胜利来争取民主。考茨基认为德国社会民主党是要以日新月异的"事实"和具体的德国现实为依据来选择其所要走的道路。德国社会民主党并不放弃无产阶级夺取政权的革命目标，相反会沿着马克思和恩格斯给我们指出的道路前进。

其次，考茨基认为，伯恩施坦的系列文章提出了对德国社会民主党的精神生活和长远发展极其有益的问题。考茨基表示他是期望引起关于伯恩施坦所提出的问题的讨论的。"如果它们竟在将来对党的策略起决定性的作用，那么它一定会成为致命的"②。考茨基对争论凸显的策略问题也不是视而不见：他认为繁荣时期理论的自觉的"修正主义"是伯恩施坦从英国输入的；但是，德国社会民主党内现实实践的不自觉的"修正主义"则是德国地域的差异——政治的和经济的差异所造成的；考茨基指出他们对伯恩施坦主义的拥护"并不是因为他们赞成它的理论，而是因为它的策略方面缓和阶级斗争和接近资产阶级民主的倾向符合他们的心意"，于是矛盾便不再像过去那样是偶然发生的，"它企图使党走上和党迄今所走的道路相反的方向"③。

第三，虽然考茨基从德国当时的现实出发批判伯恩施坦主义，但是对"民主制"给予了中肯的评价：他认为民主有产生更高级的革命斗争形式的可能、使无产阶级清楚了解各阶级和各政党的力量对比，作为一种使无产阶级成熟起来以适应社会革命的手段，是必不可少的；然而，民主还不足以限制资本主义的统治并促进资本主义长入社会主义，我们不能过高估计民主的实际成效。考茨基说，"民主不能用来组织革命，民主之于无产阶级，犹如空气和阳光之于有机体，缺少了就不能发挥其力量；但是，不能只看到这一阶级的成长而忽视敌人的同时成长。民主并不妨碍资本的发展；资本的组织程度及其在政治和经济上的力

---

① 中共中央编译局国际工运史研究室编：《德国社会民主党关于伯恩施坦问题的争论》，三联书店，1981，第48页。

② 中共中央编译局国际工运史研究室编：《德国社会民主党关于伯恩施坦问题的争论》，三联书店，1981，第44页。

③ 中共中央编译局国际工运史研究室编：《德国社会民主党关于伯恩施坦问题的争论》，三联书店，1981，第613页.

量，是与无产阶级的力量同时增长着的。……只能是两者之间的一场大决战；而这场大决战在无产阶级取得胜利之前是不会告终的。"①

可见，考茨基是极为重视与时俱进地发展马克思主义的，他对现实问题的观察是细致入微的；他的观点基本上坚持了恩格斯晚年的主张，也是对德国现实进程的客观反映。同时，考茨基也十分注重辩证地看待伯恩施坦的"反权威行为"，"考茨基决议"也是十分中肯的。此外，考茨基还在《社会革命》（1902 年）和《取得政权的道路》（1909 年）两本著作中批判了伯恩施坦的"资本主义经济适应论"，指明资本主义矛盾不仅没有缓和，反而更加剧了。考茨基的根本目标是，无产阶级夺取政权，实现对国家的根本改造。他所设想的符合当时德国现实的实现社会主义的方式是这样的：德国是一个半民主半专制的国家，德国社会民主党的当前任务是发展无产阶级民主以壮大资产阶级民主，用以铲除封建制度的残余，在德国实现完全民主。同时，作为政治手段的罢工和议会活动要相互配合，并要发展出其他的斗争手段和方法。等待时机成熟：一方面，德国社会民主党通过其既有的政治自由在人民的选票中赢得明显的多数；另一方面，在资本主义生产方式高度发达和无产阶级有能力夺取和保持国家政权的时候，两个条件同时具备便可通过革命性的变革和无产阶级专政通向社会主义。

需要指出的是，考茨基对无产阶级专政的理解正是以发达资本主义国家的经济发展水平和民主政治状况为基础的。他所理解的无产阶级专政就是无产阶级在资产阶级议会民主制的基础上由于人数上的巨大优势，通过少数服从多数的原则所实现的阶级统治。这在客观上也是考茨基最终走向社会改良主义的缘由所在。

---

① ［德］卡尔·考茨基著，何江、孙小青译：《社会革命》，人民出版社，1980，第 58 ~59 页。

（二）卢森堡：批驳伯恩施坦主义是机械的、停滞的，指明无产阶级夺取政权是以经济政治情况的一定的成熟度为前提并通过"过早"进攻取得的

1898 年，卢森堡刚到德国后不久，就撰写长篇论文《社会改良还是社会革命？》，积极投入到反对伯恩施坦主义的战斗中去。卢森堡认为，同伯恩施坦及其门徒的辩论十分必要。最终来说，这不是策略问题，而是关乎"社会民主主义运动的存废问题"；换个角度看，"就是工人运动是小资产阶级性质还是无产阶级性质的问题"①。卢森堡指明，如果就德国社会民主党当前的策略来说，情况倒的确是以社会改良和工会斗争为主，其所以如此，"因为在工会斗争和社会改良斗争的面前，有夺取政权的自觉而坚定的企图作指路明星"②。在卢森堡所撰写的长篇论文《社会改良还是社会革命？》中，卢森堡是从三个角度出发批判伯恩施坦主义的。

第一，卢森堡指出，科学社会主义的科学基础是以资本主义发展的三个后果为依据的：首先是生产过程的高度社会化，这就为社会主义制度创造了坚实的基础；其次，伴随着生产过程的社会化是不断增长资本主义经济的无政府状态。这使它的崩溃成为不可避免；再者，无产阶级的政党组织和阶级觉悟的不断提高，这就成为社会主义取代资本主义的积极因素。而伯恩施坦所想拔掉的，只是上述科学社会主义基石中的第二个。即通过提出"资本主义社会矛盾的缓和"和对"资本主义经济危机的否定"来否定社会主义的客观必然性；这样以来，社会主义的依据便单纯只成了无产阶级的觉悟问题了，社会主义革命就变成了多余的事情。

第二，卢森堡认为，无论是信用或者卡特尔，无论是暂时延迟了的危机或中间阶层的继续存在，都不能够理解为资本主义适应性的征象。伯恩施坦的"经济适应论"只不过是个别资本家的理解方法的理论概

① 中央马列著作编译局：《卢森堡文选》（上），人民出版社，1984，第 71 页。
② 中共中央编译局国际工运史研究室编：《德国社会民主党关于伯恩施坦问题的争论》，三联书店，1981，第 121 页。

括。卢森堡批判伯恩施坦"经济适应论"的共同特征是，"把它所研究的一切经济生活现象，不是放在它们对资本主义发展的整体的关联去理解，不是放在它们同整个经济结构的联系上去理解，而是把它们从这些联系中割裂出来，当作独立的存在，当作一部死机器的拆散的零件。"①因此，卢森堡说，伯恩施坦主义是机械的、停滞的，它的特征就是"以庸俗经济学的精神以资本主义停滞论为依据的社会主义停滞论"②。依据整体的观点来看，卢森堡认为信用的广泛应用、卡特尔的产生和完美交通工具的普及反而加剧了资本主义的矛盾。

第三，至于民主，针对伯恩施坦把工会、社会监督和国家的政治民主化作为逐步实现社会主义的主要手段，卢森堡肯定了民主是最有利于所有各阶层参与政治生活的园地；但是民主采取的是资产阶级议会制度的形式，因此它们不可能把无产阶级引向社会主义。但也正因此，它使无产阶级夺取政权既成为唯一可能的，并且同样成为必要的。卢森堡认为，伯恩施坦主义的政治观点是为了消除资本主义的赘疣，而不是为了消除资本主义本身。

卢森堡指出，从日常情况来看，工会斗争和议会斗争可以被看作是逐步引导和教育无产阶级走向夺取争权的手段。但是，资本主义社会的生产关系越向前发展，便越会同资本主义生产力日益社会化形成强烈的对抗，其政治关系和权利关系则越是在资本主义社会和社会主义主义社会之间筑起高墙；"这堵墙靠社会改良和民主是打不通的，相反，只有靠革命的铁锤即由无产阶级夺取政权"③。与此同时，卢森堡认为，无产阶级夺取政权是以经济政治情况的一定的成熟度为前提并通过"过早"进攻取得的，只有"过早"进攻才能保证无产阶级在长期顽强的斗争中在政治上达到足以完成最后伟大变革的成熟程度；更何况在无产阶级的胜利的一击之下把社会从资本主义制度变成社会主义制度是完全

---

① 中共中央编译局国际工运史研究室编：《德国社会民主党关于伯恩施坦问题的争论》，三联书店，1981，第 123~124 页。

② 中共中央编译局国际工运史研究室编：《德国社会民主党关于伯恩施坦问题的争论》，三联书店，1981，第 126 页。

③ 中央马列著作编译局：《卢森堡文选》（上），人民出版社，1984，第 101 页。

不可想象的。这一论述奠定了卢森堡关于实现社会主义道路策略的基调。

（三）列宁：批判"伯恩施坦改良主义在俄国变种"经济主义，探索适合俄国国情的革命道路

1899 年，在《我们的纲领》中，列宁阐明了科学对待马克思主义的态度，"我们绝不把马克思的理论看作某种一成不变和神圣不可侵犯的东西；恰恰相反，我们深信：它只是给一种科学奠定了基础，社会主义者如果不愿落后于实际生活，就应当在各方面把这门科学向前推进。我们认为，对于俄国社会主义者来说，尤其需要独立地探讨马克思的理论，因为它所提供的只是一般的指导原理，而这些原理的应用，部分地说，在英国不同于法国，在法国不同于德国，在德国又不同于俄国。"此时的列宁一方面认真研究俄国社会的经济结构和社会政治结构，完成《俄国资本主义的发展》一文，指明在这样经济基础上的俄国革命首先是资产阶级革命是不言而喻的；另一方面针对伯恩施坦主义在国际社会民主党内所引起的思想动摇，在俄国，积极反对"合法马克思主义"和"经济主义"、孟什维主义和"取消派"，这在很大程度上是其反对伯恩施坦主义的斗争。

正是在对"伯恩施坦主义在俄国变种"经济主义进行坚决革命斗争的过程中，列宁在组织上全面地"清党"，保证党对社会主义事业的正确领导和创造性地将马克思主义应用于俄国具体现实，努力探索俄国社会主义革命道路。

1. 反对"合法马克思主义"和"经济主义"

列宁对"合法马克思主义"和"经济主义"的批判主要体现在《非批判的批判》（1899 年）、《俄国社会民主党人抗议书》（1899 年）、《怎么办？（我们运动中的迫切问题)》（1901 年秋—1902 年 2 月）等著作中。列宁批评"合法马克思主义"抛弃了马克思学说若干相当重要的方面，例如，在哲学上不是站在辩证唯物主义方面，在政治经济学上是站在伯恩施坦主义的立场上；认为当前俄国人的争论不过是德国人争论的反映。彻底的马克思主义者是根据改变了的条件和各国实际的特点

来发展马克思主义。

1902年，在《怎么办？》中，列宁对经济主义进行了彻底清算。列宁批判"经济派"不顾俄国的客观现实，贬低社会意识和党对工人运动领导、崇拜工人运动自发性、盲目信仰伯恩施坦主义，将工人阶级斗争局限于经济斗争和局部改良的机会主义错误。正是在对俄国工人运动中存在的"伯恩施坦主义"的批判中，列宁关于无产阶级政党的学说也日渐成熟，更坚定了推进俄国革命，建立无产阶级专政的目的。他认为，第一，社会主义学说是革命的社会主义思想家创立的，工人的社会主义意识只能依靠外部灌输，只有这样才能提高工人阶级的政治觉悟。"没有革命的理论，就没有革命的行动"，"只有先进理论为指南的党，才能实现先进战士的作用"①。第二，无产阶级的经济斗争和政治斗争是相互联系的；争取日常改良的局部斗争应当服从于争取自由和社会主义革命胜利的政治斗争。第三，俄国的无产阶级应该将反封建的民主斗争同反对资本主义的社会主义斗争结合起来，成为革命力量的先锋队。

2. 反对孟什维主义和"取消派"

1903年，俄国社会民主工党在布鲁塞尔召开第二次代表大会。会上，围绕组织原则问题上的分歧，形成了以列宁为首的布尔什维克派和以马尔托夫为代表的孟什维克派。此后，两派之间关于俄国革命的策略分歧日益严重，这一争论使得马克思主义与伯恩施坦主义在俄国的斗争更加复杂。这一分歧在列宁的《社会民主党在民主革命中的两种策略》（1905年6-7月）中得到了详尽的阐述；布尔什维克和孟什维克的争论的实质是无产阶级是否应该争取民主革命的革命权，是建立资产阶级国家还是通过不断革命建设社会主义国家。孟什维克的主要观点是，俄国革命属于资产阶级民主革命，资产阶级是革命的领导者，无产阶级只是参与协助者；革命胜利后，无产阶级就应将政权让给资产阶级，建立资产阶级专政。之后，孟什维克应当从改良主义观点出发，通过日常合法斗争长入社会主义。

---

① 列宁：《列宁选集》第1卷，人民出版社，2012，第312页。

列宁则认为，由于俄国资产阶级是与封建主义、军国主义和帝国主义联系在一起的，俄国资产阶级在民主革命中必然表现出不彻底性；无产阶级的历史地位必然使其成为彻底的民主主义者，因而，无产阶级必须保证在资产阶级民主革命中的领导权并将革命进行到底。列宁认为，"我们将立刻由民主革命开始向社会主义革命过渡，并且正是按照我们的力量，按照由觉悟有组织的无产阶级的力量开始向社会主义革命过渡。我们主张不断革命。我们决不半途而废。"①

1908 年，列宁在《马克思主义和修正主义》一文中对伯恩施坦主义进行了彻底的清算。列宁指出，伯恩施坦主义在哲学上是用"'简单的'（和平静的）'演进'去代替'狡猾的'（和革命的）辩证法"②；在政治经济学方面，是竭力用"经济发展的新材料"来影响公众，"他们对一些片面抽出的史实做肤浅的概括，而没有把它们同整个资本主义制度联系起来看"，这势必会"阻碍农民去接受革命无产者的观点"③；这种改造马克思主义原理的做法是一种在几年的工业高涨和繁荣影响下的"近视"，"现实很快就向修正主义者表明，危机的时代并没有过去：在繁荣之后，接着就来了危机"④；在政治方面，修正主义认为的政治自由、民主和普选权正在消灭阶级斗争的观点也是荒谬的，因为"在'民主制'的资本主义的自由下，经济的差别并没有缩小，而是日益扩大并加深；与此同时，议会制度并没有消除最民主的资产阶级共和国作为阶级压迫机关的本质，而是不断暴露这种本质"⑤。因此，列宁认为，伯恩施坦主义实行联合、妥协和联盟的经验只能是降低群众斗争的真实意义。但列宁并不否认，马克思主义承认改良的斗争，只是反对社会改良主义。

列宁指明：在俄国，"'合法马克思主义'、'经济主义'和'孟什

---

① 列宁：《列宁全集》第 11 卷，人民出版社，1987，第 223 页。
② 列宁：《列宁选集》第 2 卷，人民出版社，2012，第 3 页。
③ 列宁：《列宁选集》第 2 卷，人民出版社，2012，第 5 页。
④ 列宁：《列宁选集》第 2 卷，人民出版社，2012，第 5 页。
⑤ 列宁：《列宁选集》第 2 卷，人民出版社，2012，第 6 页。

维主义'是同一个历史趋势的不同的表现形式"①，是企图用资产阶级
的"社会政策"取代马克思主义的。

二、有关卢森堡"政治性群众罢工"的争论

政治性群众罢工问题是第二国际时期关于实现社会主义方式之争的
重要组成部分，这个问题与议会斗争策略一起密切地关系到"如何最
终实现无产阶级革命解放的问题"。以卢森堡为代表的德国社会民主党
左派是将这种罢工看作是为无产阶级社会主义革命做准备的手段，甚至
看作是这一革命的最初手段——从合法斗争过渡到最后决战的手段。这
是与卢森堡一向主张的"'过早'采取进攻"的无产阶级斗争策略是一
致的。而考茨基则认为在可预见的时期内，采取一国的全体工人统统罢
工的形式几乎是不可能的；而且罢工除了到补充的作用以外，并不能担
负起代替无产阶级其他政治斗争手段的任务。按照考茨基观点：无产阶
级最终决战条件成熟（德国社会民主党在资产阶级议会制框架内在人
民的选票中赢得明显的多数；在资本主义生产方式高度发达；无产阶级
有能力夺取和保持国家政权）以前，无产阶级应将非政治性的罢工和
议会活动同时推动，并注重发展其它意想不到的斗争方法。从本质上
讲，卢森堡与考茨基关于"政治性群众罢工"的理论争论的实质上是
对他们各自所选定的无产阶级斗争策略的进一步印证，是"'过早'进
攻"还是"疲劳——最终击破战略"？

1905 年俄国革命爆发后在德国社会民主党内引起关于"群众性政
治罢工"的争论是造成考茨基转向中派主义的开始。俄国革命爆发后，
在德国无产阶级中引起了强烈的反响，德国社会民主党内的革命马克思
主义派，诸如奥古斯特·倍倍尔、罗莎·卢森堡、弗·美林、克拉克·
蔡特金、卡尔·李卜克内西、卡尔·考茨基十分重视俄国革命的经验，
纷纷向俄国致敬。卢森堡在 1905 年 9 月召开的德国社会民主党耶拿代
表大会上号召"向俄国革命学习"，并主张采取群众性政治罢工的斗争

---

① 列宁：《列宁选集》第 1 卷，人民出版社，2012，第 778 页。

方法。但是伯恩施坦主义者却认为俄国和德国的条件不尽相同，因此不能把俄国的革命经验运用到德国。因此，在1905年9月的德国社会民主党耶拿代表大会和1906年2月的德国社会民主党曼海姆代表大会展开了激烈的争论。本已在德国社会民主党耶拿代表大会通过决议（即将群众性的政治罢工宣布为击退反对派对普选权的进攻、争取无产阶级的基本权利和解放的最有效的手段之一），但是迫于伯恩施坦主义压力，在曼海姆代表大会则又通过决议，指出要举行群众性政治罢工必须取得工会领导（他们大多数是群众政治罢工的激烈反对者）的同意。这是伯恩施坦主义者在德国社会民主党内取得的第一次胜利。

早在1902年在《三论比利时的实验》中，卢森堡就将议会斗争和政治性罢工的关系进行了说明，卢森堡说，"议会政治这一领域不仅是资本家阶级实行统治的天地，而且也是无产阶级和资产阶级解决它们之间对立的斗争基地"。但是，"议会斗争对无产阶级来说只能是他们想使自己的暴力也取得统治地位的一种努力而已"。如果，合法的议会活动没有随时准备在必要是采取行动的工人阶级的暴力作为后盾，那么社会民主党的议会活动就会变成"用竹篮打水一样聪明的消遣"①了，在这样的情况下，议会活动本身和全部合法性迟早会遭到可耻的失败，并为反对派不受限制的暴力统治让出阵地。1906年，在《群众罢工、党和工会》这本小册子中，卢森堡系统阐述了政治性群众罢工和革命的理论。通过对俄国群众罢工历史的勾勒，卢森堡认为，俄国革命使得有必要对马克思关于群众罢工的旧的立场作彻底的修正，这样做获胜的仍旧只是以新的形式出现的马克思主义的一般方法和观点。卢森堡指出，虽然德俄两国的社会和政治情况，工人运动的历史和现状，都是不同的。但是，"经济斗争和政治斗争之间的相互促进作用成了目前俄国群众罢工的内部动力，同时也可以说成了无产阶级革命运动的调节器，在德国这种相互促进作用也会自然而然地从社会情况中自行产生出来的"。在这篇著作中，卢森堡是想证明：第一，群众罢工不是冥思苦想

①　中央马列著作编译局：《卢森堡文选》（上），人民出版社，1984，第393页。

出来的，而是无产阶级群众的运动方式和在革命中斗争的表现形式；第二，罢工的实际情况往往和理论上模式是大相径庭的，经济因素与政治因素是无法分开的，政治斗争的每一新的开始和每一新的胜利，都会变成对经济斗争的强大推动，政治斗争同时也在扩大自己外部的可能性，提高工人改善自己状况的内部动力和战斗热情。第三，德国社会民主党应当从俄国革命中借用群众罢工这种表面形式，尽可能灵活地适应局势，密切同群众的情绪保持联系，不失时机地加以引导，逐步把群众运动汇集成社会主义革命，而不是对革命的发展作不切实际、死板教条的理论图式设想。

1910 年初，德国爆发了声势浩大的普鲁士劳动群众反对反动的三级选举制的示威运动，同时由于德国统治阶级对内对外实行反动政策，德国的阶级矛盾日益尖锐化，工人运动开始高涨。在这样的情势下，以罗莎·卢森堡为代表的左派提议采取议会外的斗争方法，举行群众性的政治罢工，争取废除反动的三级选举权，实行选举制度的民主化。卢森堡在《下一步，怎么办？》讨论了利用群众性政治罢工的可能性，此外她还提出变德国为共和国的口号。卢森堡在《播种季节》（1910 年 3 月 25 日）一文中指出，"警察的残暴，反动党派在议会里的下流无耻，是保证我们能够引起最广大人民群众的注意和赢得他们赞同的最近的动因"，这对我们来说这是宣传阶级斗争的时机，"阶级斗争理论已经走向街头"，"有力的进攻就是最好的防御"[①]，虽然当前运动的直接后果无法事先估计，但是应"充分利用现在激烈的战斗时机"，无产阶级事业就会在运动中取得胜利。

这一提议遭到了党内伯恩施坦主义的反对。德国社会民主党在争取民主斗争的策略问题上发生了尖锐的分歧，这一分歧加速了马克思主义分化为左派和中派的进程。与此同时，作为第二国际和德国社会民主党主要理论家的考茨基被迫要做出选择：是支持革命的要求，还是改良主义的要求。这就开启了与考茨基之间关于"政治性群众罢工"的论战。

---

① http://marxists.anu.edu.au/chinese/

　　考茨基在《新时代》上发表了《今后怎么办？》等文章同卢森堡论战，提出了所谓的"疲劳战略"①。考茨基认为，必须严格区分作为"演习"、"争取有限目的"的示威性群众罢工和作为"决战手段"的胁迫性群众罢工；即采取迂回的方式取得最后胜利的"疲劳战略"和尽量避免集中全部力量给敌人致命打击的"击破战略"；而后者是我们可以使用的在遥远的未来的"最后手段"，只有当无产阶级占人口大多数时才能实行。考茨基认为，在巴黎公社以前，无产阶级对抗资产阶级遵循的是"击破战略"，而现在无产阶级斗争取得政权的斗争条件已经发生变化，应当主要通过合法的形式。考茨基将全部的希望都寄托在国会选举上，他认为，"如果我们急躁冒进，打算在绝不能保证我们取得胜利的情况下过早地挑起一场搏斗，那就是愚蠢。"② 这样以来，考茨基就取消了群众性政治罢工的可能性和必要性；考茨基并不反对群众性政治罢工，只是把这种群众性政治罢工看作是决战时使用的最后手段。

　　随后，卢森堡发表了《疲劳还是斗争？》（1910 年 5 月 23 日）、《理论和实践》（1910 年 5 月 23 日）等文章批驳考茨基的观点；在这两篇中批驳了考茨基将群众罢工进行严格的分门别类和程式化的做法，考茨基将群众运动分为好多类型：示威性罢工、威逼性罢工、经济罢工、政治罢工；卢森堡认为这对于一般的议会活动是有用的，但是一旦在现实的群众行动中这种分类就会被打乱。卢森堡批驳考茨基的"疲劳战略"实质是将一切希望都寄托在帝国国会选举上，是"要把已经在新的轨道上高歌猛进的党的运动重新拧回到旧的、已经踩坏了的、单纯议会斗争的轨道上去"，卢森堡认为现在的当务之急不是"疲劳战略"，而是宣传群众罢工，在全线展开斗争，就能够"分明地考察德国的整个局

---

①　考茨基以古罗马同迦太基的战争为例。由于迦太基统帅汉尼拔率领的是一支靠打胜仗来鼓舞士气的雇佣军，因而采取的是击破战略，并靠军饷和战利品来保持军纪；古罗马统帅费边采取的则是疲劳战略，因为他的士兵是农民志愿军，战争直接关系到他们的生活和他们的家园。结果费边获胜。考茨基将恩格斯在 1895 年为马克思《1848 年至 1850 年法兰西阶级斗争》一书所做的导言中提出的新斗争方式称为"疲劳战略"。

②　《新时代》第 28 年卷（1909 - 1910）第 2 册，第 78 页。

势、阶级和政党的营垒，就能促进群众在政治上成熟，提高他们对自己力量的认识，……就能给无产阶级开拓新的视野"；同时"充分利用一切重要的经济冲突把一切振奋群众的因素都卷入运动的漩涡，不是回避而是采取果断鉴定的策略去迎接日益紧张的形势和决定性的斗争"。

接着，考茨基又写了《新战略》、《在巴登和卢森堡之间》答复卢森堡的批驳，表明了自己的中派立场。自从卢森堡、李卜克内西等领导的战斗性左派出现，考茨基就成了改良主义和革命派之间的中派。考茨基以《在巴登和卢森堡之间》这篇文章结束了论战，并且第一次确认了马克思主义的分化，分化为左派和中派。考茨基既不赞同以卢森堡为代表的左派，也不赞成巴登的改良主义者，强调"疲劳战略"必然要过渡到"击破战略"。考茨基宣布，"党将在巴登和卢森堡之间走向胜利。"① 这是考茨基主义形成的公开宣言。

与此同时，伯恩施坦也发表文章反对"政治性群众罢工"的做法。伯恩施坦曾在《关于政治性的群众搞罢工的十二项原则》（1905 年）中指出，工人阶级在自己的社会解放斗争中争取普选权是必不可少的手段，工人阶级应全力以赴去争取并保证这种权利；政治性的群众罢工（一个时代之前的街垒战斗已经由于现代城市建筑和现今炮火技术而失去了效用，因此罢工的意义随着现代经济生活的发展而不断增长）不是绝对无误的、随时可以任意使用的武器。群众罢工的目的不是打倒敌人，而是使他们因疲于奔命而让步。通过小规模政治罢工的反复试验"培养"总政治罢工的思想是错误的，是人们在现有条件下采取的最荒谬的措施；因为社会主义或者共产主义制度并不是通过一次巨大的群众罢工就可以建立起来的。由此可见，考茨基在"政治性群众罢工"问题上的看法实际上是大大加剧了德国社会民主党的采取"和平过渡"方式的倾向。

三、有关俄国社会前途的思考与争论

自伯恩施坦主义产生以来，德国社会民主党内的理论家们都十分密

---

① 《新时代》第 28 年卷（1909—1910）第二册，第 607 页。

切关注德国实现社会主义的方式问题，并积极投入到围绕此问题理论争论中；与此同时，关于俄国的前途命运和发展道路问题也逐渐成为他们关注的议题。这一议题也曾是马克思恩格斯关注的焦点。

（一）伯恩施坦：为思考俄国社会前途问题提供了原则

不同于考茨基和卢森堡，在俄国十月革命以前，伯恩施坦虽然也十分关注俄国社会前途问题，但是鲜少直接讨论，他最多是在论证德国乃至西欧社会主义道路时，为思考俄国社会前途问题提供了决策原则。

伯恩施坦指出，社会主义的发展过程并不总是一个在各方面都自觉的、有意的过程，尤其难得是一个统一的过程。由于政治和经济发展上的差异，这一过程在不同的国家中发生得或快或慢，或自相矛盾或前后一致；由于气质上或认识上的差别，它在不同的人身上发生的情况这是这样。但是，无论谈到的是德国还是法国的社会民主党、斯堪的纳维亚还是意大利的社会民主党，这一过程的主要特征到处都是一样的。

伯恩施坦还就如何选择是实现社会主义的方式问题提供了决策原则。伯恩施坦是从两个层次出发谈论策略决策依据的，伯恩施坦指出，首先是要考虑诸如国家的经济制度、社会结构、政治形式和各个党派的力量对比与性质关系等外部实际因素；其次是知识性的认识，例如，对于社会状况的认识及社会发展规律的洞察程度、对社会成员的性质的认识所达到的程度；等等。伯恩施坦认为，这两者都是考虑一个国家实现社会主义方式决策问题的基本先决条件。

（二）考茨基：从俄国社会现实出发指明俄国革命的特殊性

在《社会革命》（1902 年）一文中，考茨基在谈到德国社会可能发生革命的形式时指出，我们虽然可以在一定程度上推测出事物发展的方向，却难以推测出事物发展的形式和速度，"……地理特点，种族特性等许多无法预知的因素使得迄今所达到的认识水平是无法预见的；……关于未来的革命，只有一件事是今天已经能有把握讲的，即未来的革命形式将与以前的革命完全不同"①。紧接着，考茨基还从俄国和西欧不同的社会现实出发，分析了俄国与西欧进行社会革命的差异。考茨基首先确定：在俄国，革命作为推翻统治政权的斗争是俄国一切阶级的任务。俄国无产阶级在其革命斗争中，代表全民族的群众利益，因此，俄国无产阶级推翻俄国统治政权是从贫困中解脱的必不可少的先决条件。其次，考茨基认为在俄国，阶级斗争赖以坚持阵地的唯一的伟大武器就是群众组织。因为，在那里，没有政治自由，没有结社权和集会权，没有出版自由；因此无产阶级需要对专制制度进行殊死决斗才能获取这些基本权利。而在西欧，无产阶级具有较高度的政治自由，并可以自己的工会组织和政治组织获得力量，无产阶级只能在已经稳固的资产阶级私有制基础上谋求改善，并且只有在自己成为民族的广大群众时才能获得胜利。因此，在这个意义上讲，俄国的无产阶级更加革命化。但是，考茨基认为，"政治自由在西欧的存在，并不排除发动革命的可能性，但是这场战争当然会具有与俄国革命不同的出发点"。② 因此，考茨基认为，如果俄国无产阶级是在革命一开始时就采取进攻性的革命行动推翻现存制度，以获取无产阶级进一步行动的先决条件；那么西欧无产阶级首先要做的就是保卫现有的政治自由权利，不能解除武装以取得资产阶级所谓的让步与和解，亦不能期望和平长入社会主义，而是要坚持革命立场。考茨基认为，"无产阶级的道德只能产生革命的愿望；有了革命的愿望，无产阶级就会更加坚强和高尚。正是革命的愿望才使无产阶级从最深沉的屈辱地位中惊人地振奋起来，而成为 19 世纪后半叶最伟大的事情"。③

同年，在考茨基发表在俄国社会民主工党报纸《火星报》上的文章《斯拉夫人和革命》中，他强调指出，新世纪以来，革命中心逐渐

① [德]卡尔·考茨基著，何江、孙小青译：《社会革命》，人民出版社，1980，第 60 页。
② [德]卡尔·考茨基著，何江、孙小青译：《社会革命》，人民出版社，1980，第 71 页。
③ [德]卡尔·考茨基著，何江、孙小青译：《社会革命》，人民出版社，1980，第 73 页。

转移向俄国，我们正面临着俄国革命斗争的新时代。考茨基预言，俄国的革命首创精神和它为整个文明世界社会变革所做出的贡献必将影响到西欧；俄国的无产阶级革命将有可能成为西方革命的源泉。面对德国社会民主党内的有关伯恩施坦主义的争论，他说到，"如火如荼的俄国革命运动，可能成为清除在德国社会民主党中流行的萎靡不振的庸人态度和谨小慎微的政客伎俩的最强大手段，从而迫使斗争的渴望和对我们理想的耿耿忠忱重新像烈火一般燃烧起来。"①

1905 年俄国革命爆发后，考茨基在《俄国革命的动力和前途》这一著作中表示支持俄国革命，就俄国革命的性质，考茨基认为，因为"资产阶级不是现代俄国革命运动的动力"，所以这次革命不是资产阶级革命；但是这个革命也不是社会主义革命，因为"它绝不能使无产阶级实行唯一的统治或者专政"。"当前革命的胜利不可能只是无产阶级的胜利而没有其他阶级的帮助"。在当前革命的客观条件下，只有农民和无产阶级之间存在着牢固的共同性。考茨基非常重视每个国家进行直接斗争的先进的觉悟工人的集体经验，并将它们看作是解决现实问题的最高权威。

（三）卢森堡：俄国革命是纯正的无产阶级革命

1905 年，俄国革命爆发，卢森堡欢欣鼓舞，撰写《俄国革命》一文。就是在这篇文章中，卢森堡耐心关注着俄国社会发展的前途，用大量笔墨探讨俄国革命的性质问题。卢森堡认为，俄国革命虽然看似是在"补做"半个世纪前二月革命和三月革命为西欧和中欧做过的那些事情，但恰恰是因为它是欧洲革命中迟来的落伍者；因而俄国革命具有了完全不同的性质。

首先，卢森堡认为，俄国政治上的落后性使它无法同三月革命前的德国相比。其次，在俄国，资产阶级并不是作为自由主义的体现者，而是作为反动的保守主义的体现者。卢森堡认为，俄国所谓的资产阶级多是与城市工业无产阶级疏远的农业贵族，因此，俄国的自由主义者

---

① ［德］卡尔·考茨基著，叶至译：《无产阶级专政》，三联书店，1973，第131页。

"既不具有健康的现代的阶级运动的革命力量，也不具有当年西欧国家自由主义工业资产阶级和工业无产阶级之间存在过的那种同工人阶级的天然的亲和力和社会方面的共同点"①，这就从客观上否决了由自由主义者教育和领导无产阶级取得民主革命胜利的可能性。但是，仔细观察就会发现，俄国的工人阶级却足以作为一个政治阶级，它们是使俄国从专制制度中得到解放，然后又从资本统治下获得自身解放的唯一未来支柱。因此，卢森堡认为，俄国革命具备了迄今为止所有革命中最鲜明的无产阶级的阶级性质，它是一次空前纯正的无产阶级革命。

卢森堡对俄国革命性质的探讨完全是建立在对俄国社会现实自身具体形态复杂性的彻底理解和彻底探究的基础上的。在这里，我们可以看出，卢森堡对俄国革命任务的双重性质：民主革命和社会主义革命的两个阶段的认识是与列宁相同的。

第三节　理论交锋的原因

通过对上述争论的分析可知：在比较先进的国家，特别已经有了一定的资产阶级民主和立宪政府经验和传统的国家，"革命"并不意味着流血。至少他们所设想的在没有国际战争的复杂因素的情况下发生的革命就是这样的。实际上，这是西欧大陆上所有社会民主党的想法，他们既是社会主义者，也是民主主义者，他们认为，如果不得到大多数人民的支持，或者至少是同意，他们就没有权利进行革命。无产阶级是人民的大多数，或者正在成为人民的大多数，他们认为无产阶级大多数信仰社会主义事业是革命的一个必要的前提。

文化传统是马克思主义从理论到现实的重要考量。萨松说道，"马克思对资本主义的分析提供了一个关于所有资本主义国家的抽象模式，

---

① http：//marxists. anu. edu. au/chinese/Rosa – Luxemburg/Rosa_ 190501. htm

这只具有近似意义。而社会主义运动却产生了各式各样的要求。纯粹的资本主义国家是不存在的，社会主义运动的形成、组织和发展也不可能脱离塑造它们的特定的民族传统。因此，在一个与理论世界相对的经验世界，任何背离和变异都是正常的。"① 文化传统根源于历史的绵延积淀，它在马克思主义面向现实问题的过程中起着决定性的作用。它在历史绵延中业已成型并重复出现；它表现为历史积淀而成的特定民族的内在和外在的行为模式或行为规则，并且成为特定历史发展阶段行为选择的动机和缘由；主要包括地理环境、经济发展程度、民主传统、科技发展程度、文化自觉程度，等等。文化传统强调了不同国家或民族之间的特殊性。正如马克思所言，"历史的每一阶段都遇到一定的物质结果，一定的生产力总和，人对自然以及个人之间历史地形成的关系，……尽管一方面这些生产力、资金和环境为新的一代所改变，但另一方面，它们也预先规定新的一代本身的生活条件，使它得到一定的发展和具有特殊的性质。"② 这里对文化传统内涵的界定旨在说明它是作为一种隐性的价值惯性而导致特定社会发展状态的缘由，同时也成为社会进一步发展的价值支撑。正如汤因比所说，"理想地说，我们对任何事物所做的任何定义，无论如何都要具有双重的形式，要考虑到主观和客观的双重性，考虑到主客观真正的关系是什么的问题，这是所有思考都必须具有的。"③ 这一定义的界定在现实意义上旨在说明文化传统在马克思主义从理论到现实过程中的重要意义。正是文化传统的差异导致了马克思主义面向现实问题时所出现的"变异"与多样性。关于共时性问题下的实现社会主义的方式之争正是根源于文化传统的差异。在第二国际时期，德国社会民主主义与俄国布尔什维克基于自身不同的文化传统，面对资本主义的新变化，对时代特征的判断不同，所采取的改良抑或革命的方式也不同。

---

① ［英］唐纳德·萨松著，姜辉、于海青、庞晓明译：《欧洲社会主义百年史——二十世纪的西欧左翼》（上），社会科学文献出版社，2013，第17页。

② 马克思，恩格斯：《马克思恩格斯选集》第1卷，人民出版社，199，第248页。

③ ［英］阿诺德·汤因比著，刘北成、郭小凌译：《历史研究》，上海人民出版社，2000，第20页。

正如 Robert D. Warth 所说的那样，第二国际是各个国家在面对"马克思主义原理同各国具体的政治实践相适应这一艰巨任务时所展现出来人类的优势与不足的传统的化身。"①列宁主义和民主社会主义的分化正是马克思主义与现实结合的过程中因不同的文化传统到导致的。近代欧洲从十六世纪的海外扩张开始经济就不断得到变革；自 1789 年法国大革命开始，经过资产阶级革命时期，封建制度和专制主义就被粉碎并摧毁；英国则在 1688 年以后专制主义就已让位于寡头政治。而且欧洲的专制主义传统也不同于东方独裁专断的帝王制，欧洲的专制主义统治者不仅要尊重贵族、教职人员和商人，还要尊重法律程序。经历了启蒙运动和第一次科技革命之后，加上自由主义和民族主义的兴起，到了1870 年前后，欧洲各大国就已经暂时告别了过往动荡不安的状态，资产阶级民主制度日益发展并深入人心。伴随着第二次科技革命的到来，西欧的资本主义进入了相对和平的发展时期，并逐渐由自由竞争阶段过渡到垄断竞争阶段。而在俄国，在 1861 年才通过 2 月 19 日法令开始废除农奴制，但是结果并不理想。事实上，一直到 1917 年前，俄国一直未能如愿摆脱封建制度和专制主义的桎梏；尽管某些激烈的改变已经发生，如人口、城市、工商业等都有了明显的增长。但是，俄国的资本主义也未能发展起来，大多数是西欧移植过去的，这些都造成了俄国经济上贫穷和文化上落后。就这样，俄国在经济和社会秩序上一脚踏进了现代世界，而另一只脚仍然停留在传统俄国。在俄国，自 19 世纪 90 年代开始，由于第二国际的中介作用，马克思主义成了俄国革命的意识形态，社会主义无产阶级已经成为了革命的先锋。政治上从 1906 年到1917 年有过四次杜马选举，但是远远谈不上民主。俄国由于其特殊的地理位置使其融欧亚两大洲的文化传统于一身，封建制度和专制主义负赘于资本主义发展的道路上，使其成为帝国主义链条上最薄弱的环节。汤因比在《历史研究》中曾按照文明的分类将俄罗斯文明称为"卫星

---

① Robert D. Warth．"The Second International, 1889 – 1914 by James Joll. New Yorker: Praeger, 1956. P. p. 198. ＄3. 50" in the Journal of Modern History, (Chicago: The University of Chicago press, 1957), p147.

文明"，俄罗斯文明从起源上讲是东罗马帝国和保加利亚东正教文明的"卫星文明"，而后它又称为西方文明的"卫星文明"①。汤因比认为，"西方本身的反对现存西方文明形势的激进立场已经充分地渗透进俄国，从而使俄国的政治解放运动采取了西方的形式。"② 我们可以看出，马克思主义本是马克思和恩格斯为解决西欧社会问题的关于人的解放和自由全面发展的科学理论体系。但是，在第二国时期，由于当时西欧各国经济发展处于相对和平发展时期，民主和法制观念已然深入人心，工人运动在议会民主的道路上不断取得成就，因此在第一次世界大战爆发后西欧各国普遍背离了《巴塞尔宣言》，逐步走向了民主的社会主义改良道路；与此同时，在俄国，面对工业化的世情和自身经济和文化上的落后状况，列宁创造性地将落后民族的民族解放斗争与帝国主义国家内无产阶级革命联系起来，通过领导十月革命的胜利为俄国社会的发展铺平了道路。

正如马克思所说，"人创造环境，同样，环境也创造人。"③ 每一种业已形成的文化传统都客观地赋予了人类实现最终目标的方式，这种人类实现目标的方式已经被大写在文化传统的结构之中。西欧的文化传统和俄国是不同的，因而在实现最终目的的过程中所选择的策略或方式亦截然不同；尽管西欧各国也不尽相同。民主社会主义将"议会民主"看作是实现社会主义的条件，然而它所强调的"议会民主"并未超过资产阶级民主的范畴；民主社会主义也从来未触及国家政权问题，更强调国家的管理职能，冲淡了国家作为阶级统治工具的特性。一方面，民主社会主义认为借助于业已形成的民主传统，通过不断发展的普遍选举制度、劳工保护法和福利政策等就可以在不知不觉中改变国家政权的本质、长入社会主义。另一方面，它认为只要借助于无产阶级和资产阶级对国家的协同管理，无产阶级就能取得政权。较之于革命手段，民主社

---

① ［英］阿诺德·汤因比著，刘北成、郭小凌译：《历史研究》，上海人民出版社，2000，第 57 页。

② ［英］阿诺德·汤因比著，刘北成、郭小凌译：《历史研究》，上海人民出版社，2000，第 365 页。

③ 马克思，恩格斯：《马克思恩格斯选集》第 1 卷，人民出版社，1995，第 92 页。

会主义偏爱改良策略。列宁主义则是面临资本主义发展的新变化和俄国自身的实际，在西方的无产阶级革命与东方落后民族国家的解放斗争中架起一座桥梁，在第一次世界大战期间，领导布尔什维克取得了十月革命的胜利，推翻了旧的国家机器，建立了新型的无产阶级专政的政权——苏维埃国家政权，开创了无产阶级革命和无产阶级专政的新局面。列宁精辟地道出了坚持无产阶级专政的必要性，"从资本主义过渡到共产主义是一整个历史时代。只是这个时代没有结束，剥削者就必然存在着复辟的希望，并把这种希望变为复辟尝试。被推翻的剥削者不曾料到自己会被推翻，……就以十倍的努力、疯狂的热情、百倍的仇恨投入战斗，……"① 俄国的新型无产阶级专政是维护革命成果和保证人民当家作主的需要，它在政治上为俄国向社会主义过渡准备了条件。尔后在1921年列宁实施的新经济政策则为恢复和发展生产力、吸收和借鉴资本主义的优秀成果，间接向社会主义过渡奠定了物质基础。

---

① 列宁：《列宁选集》第3卷，人民出版社，2012，第612页。

第五章

俄国社会主义革命发生的条件与政权性质之争

俄国的社会主义革命是具有世界历史意义的事件。只是在俄国十月革命之后，人们才有可能指出"真实存在的社会主义"是什么样子。经济文化落后的俄国，利用第一次世界大战所造成的革命形势，比经济发达的西欧国家先进行了社会主义革命。十月革命使得第二国际时期关于"经济决定论"的争论第一次面向现实。"经济决定论"是列宁与第二国际权威理论家、俄国孟什维克论战"落后国家向社会主义过渡问题"的焦点。十月革命后，列宁与社会民主主义者论战的另一个重要问题就是民主与专政问题，这一问题是始终围绕着对新生苏维埃政权的态度展开的。

第一节　关于俄国革命条件和性质的争论

俄国十月革命后，第二国际权威理论家和俄国孟什维克喋喋不休说，俄国生产力还没有发展到足以实现社会主义的水平，否认在经济落后的俄国可以实现社会主义。

考茨基诋毁十月革命说"由于俄国经济落后，现在正在俄国进行的，实际上是最后一次资产阶级革命，而不是第一次社会主义革命。

……俄国目前的革命只有在同西欧社会主义革命同时发生的情况下，才可能具有社会主义性质。"① "凡是在资本主义生产还不能立即转变为社会主义生产的地方，资本主义生产就必须继续存在，否则，生产的中断将引起普遍的贫困"；"只有在无产阶级在合作社的、工会的、城市的自治方面，在参加国家立法和政府监督方面受过了训练而且许多知识分子愿意为社会主义生产服务的状况下，社会主义生产才能在凡是资本主义在新条件下已经成为不可能的一切地方，立即无间断地替代资本主义。"②。考茨基认为，世界上不同国家的经济和政治发展水平不同，但是一个国家一方面越是资本主义化，另一方面又越是民主，那么它就越接近社会主义。工业的发达会极大地增加社会财富和提高社会劳动化程度；同时，一个国家越民主，民主促使无产阶级实现社会革命和夺取政权的成熟度越高；那么在无产阶级能取得胜利并保持胜利的希望也就越大。一个国家应该能够像别的国家学习，但是却不能超越自然的发展阶段。因此，考茨基说，俄国的无产阶级专政是"早产儿"，"他们所宣扬和实行的无产阶级专政，无非是想要超越或者用法令来取消自然的发展阶段的大规模实验而已，……这种做法更使我们想起这样一个怀孕的孤女，她疯狂万分地猛跳，为了把她无法忍受的怀孕期缩短，这样生下来的孩子，通常是活不成的"③。

　　伯恩施坦也认为布尔什维克忽视了对资本主义生产历史必要性的强调，根本不理解资本主义生产关系为文明进步创造基础的重要性。俄国社会的发展状况还没有达到要进行社会主义革命的程度。同时，他指责俄国十月革命是布尔什维克"陷入了"对暴力的无限创造力的迷信的结果：一方面，伯恩施坦认为这是源于布尔什维克教条式地理解了马克思主义早期关于无产阶级"暴力革命"的斗争策略。伯恩施坦认为，工人斗争最初在马克思那里本质上是指被统治阶级通过起义推翻统治阶级，夺取政权而非社会改革。这是由于，当时工人在任何国家里都没有

　　① 中共中央编译局资料室编：《考茨基言论》，三联书店，1973，第294页。
　　② ［德］卡尔·考茨基著、叶至译：《无产阶级专政》，三联书店，1973，第51页。
　　③ ［德］卡尔·考茨基著、叶至译：《无产阶级专政》，三联书店，1973，第54页。

选举权；工人必须首先进行争取普选权的斗争，并且根据当时的情况似乎工人只有通过暴力革命的道路才能取得这种权利。但是，在选举权取得之后，工人阶级的一种完全不同的政治斗争就必然发展起来。对此，伯恩施坦认为，马克思本人关于"无产阶级革命策略"的思想经历了一个不断发展的过程，而布尔什维克对此却断章取义、置若罔闻。另一方面，伯恩施坦认为，布尔什维克主义是一个特殊的俄国现象，它相信野蛮暴力的全能，无法认识社会存在的基本规律，也无法重视从野蛮中跨出来的人类社会在发展中的组织原则；这是由于俄国长期处于绝对专政政体的统治之下，在那里，极端强制的压迫手段已成习惯。按照这种观点，伯恩施坦认为，俄国作为一个经济落后、农业为主的国家，实行社会主义革命条件还是不成熟的；而这种置物质生产方式于不顾，在经济发展不成熟的条件下进行的暴力革命，是一种极端的唯意志论和社会唯心主义的表现。从这个意义上，伯恩施坦认为"我们在东方的邻国（俄国）所看到不是社会主义"①。

在俄国，大多数孟什维克的观点都与第二国际权威理论家的观点相似。孟什维克认为要进行两次革命，在这两次革命之间有一个相当长的时间间隔，在这个时期内将在资产阶级政府下进行工业化，一直到社会党人夺取政权的时机成熟。普列汉诺夫就在其《政治遗嘱》中说："我过去和现在都说：俄国就其生产力发展水平、无产阶级人数以及群众的文化程度和自觉程度而言还没有做好社会主义革命的准备，因此列宁设想的社会实验必然要失败。……从社会发展规律和历史必然性的观点看，列宁只有在1917年2月前才是有用的——在这个意义上他是必然的；二月革命推翻了沙皇制度，消除了生产力和生产关系之间的矛盾，在此之后列宁的历史必要性就消失了。"② 普列汉诺夫认为列宁关于社会主义革命能在单独一个像俄国那样落后的国家里取得胜利的论断是对

---

① ［德］爱德华·伯恩施坦著，史集译：《什么是社会主义？》，三联书店，1963，第16页。

② 这篇《政治遗嘱》是普列汉诺夫（1856—1918）在1918年4月7—21日在病危中口授的；于1999年11月30日俄国《独立报》发表面世。2000年第2期《马克思恩格斯列宁斯大林研究》翻译出版了这篇《政治遗嘱》。

马克思主义的背离；在无产阶级政权的条件下发展生产力势必会因破坏社会发展的客观规律而遭到惩罚。苏汉诺夫在《革命札记》一书中详尽地记述了俄国二月革命到十月革命的历史，宣扬俄国没有实现社会主义的经济前提。他们认为，只有俄国达到了西欧的发达的资本主义国家的经济水平和文化水平，才能够实现社会主义。

　　第二国际左派著名代表人物罗莎·卢森堡则认为，作为世界大战最重大事件的俄国革命是其内部条件完全成熟的必然结果；是国际发展和土地的具体的迫切的问题造成的结果，而这些问题在"资产阶级"社会的范围内是无法解决的。卢森堡指出，"战争和俄国革命的过程不是证明俄国不成熟，而是证明德国无产阶级还没有成熟到能完成自己的历史任务"①。她进而阐释道，俄国革命的第一阶段，即推翻专制主义的斗争是"资产阶级社会内部孕育的革命力量同旧社会的桎梏进行的任何一次最初的伟大总决战的典型发展过程"，② 专制主义几乎不战而退。但是随着第二项任务开始被提出，围绕俄国城市无产阶级提出的"立即实现和平"和士兵群众提出的"土地问题"，在革命最初胜利之后，在自由资产阶级和工人、军队、农民之间展开了尖锐的内部斗争；因而不同于考茨基的观点，卢森堡认为，在这种情势下，布尔什维克将全部权力交由工人和农民群众单独掌握，由苏维埃单独掌握，"不是巩固资产阶级民主制，而是建立无产阶级专政以达到实现社会主义的目的"③，这实际上是使革命摆脱困境的唯一出路。否则，俄国革命就会"很快地倒退到它软弱无力的出发点后面，并且被反革命扼杀"④。之后，尽管在"分配土地给农民"、"民族自决权"和"解散立宪会议"等问题上卢森堡对布尔什维克提出了批评，但是总体说来，卢森堡还是对俄国

---

① ［德］罗莎·卢森堡著，殷叙彝、傅惟慈、郭颐顿等译：《论俄国革命·书信集》，贵州人民出版社，2001 第 3 页。

② ［德］罗莎·卢森堡著，殷叙彝、傅惟慈、郭颐顿等译：《论俄国革命·书信集》，贵州人民出版社，2001 第 5 页。

③ ［德］罗莎·卢森堡著，殷叙彝、傅惟慈、郭颐顿等译：《论俄国革命·书信集》，贵州人民出版社，2001 第 10 页。

④ ［德］罗莎·卢森堡著，殷叙彝、傅惟慈、郭颐顿等译：《论俄国革命·书信集》，贵州人民出版社，2001 第 8 页。

革命做出的极高的评价。她称赞布尔什维克的十月起义"不仅确实挽救了俄国革命，而且也挽救了国际社会主义的荣誉"①；而且认为，在当时严重困难的条件下，苛求"最美好的民主"、"最标准的无产阶级专政"和"繁荣的社会主义经济"是对布尔什维克提出超人的要求。因而，她对俄国发生的一切都是可以理解的。

同样地，针对这一"经济决定论"观点在俄国十月革命后的蔓延，列宁指出"这是和第一次帝国主义世界大战相联系的革命"，国际环境为俄国革命提供了客观可能性。由于帝国主义发展不平衡的规律，第一次世界大战的契机使得俄国的无产阶级革命有可能突破帝国主义统治的薄弱环节取得胜利。同时，列宁指出，"世界历史的一般规律，不仅丝毫不排斥个别发展阶段在发展的形式和顺序上表现出的特殊性，反而是以此为前提的。……既然毫无出路的处境十倍地增强了工农的力量，使我们能够用与西欧其它一切国家不同的方法来创造发展文明的前提条件，那又该怎么办呢？"② 这里，列宁并不是说一个国家进入社会主义社会，不需要考虑其客观经济前提。只是在面对第一次帝国主义大战所造成的革命形势下，在毫无出路的处境逼迫下，以至少获得某种机会去为俄国人民争得进一步发展文明的并不十分寻常的条件，即首先用革命的手段取得达到这一水平的前提，然后在工农政权和苏维埃制度的基础上赶上别国人民。所以俄国能够表现出而且势必表现出某些特殊性，这些特殊性当然符合世界发展的总路线，但却有别于以前西欧各国的革命，而且这些特殊性到了东方国家又会产生某些局部的新东西。但是列宁也认识到，"与先进国家相比，俄国人开始伟大的无产阶级革命是比较容易的，但是把它继续到获得最终胜利，即完全组织起社会主义社会，就比较困难了。"③

列宁在去世前口授的《论我国革命》，集中体现了列宁对经济和文

---

① ［德］罗莎·卢森堡著，殷叙彝、傅惟慈、郭颐顿等译：《论俄国革命·书信集》，贵州人民出版社，2001 第 10 页。

② 列宁：《列宁选集》第 3 卷，人民出版社，2012，第 776～777 页。

③ 列宁：《列宁选集》第 3 卷，人民出版社，2012，第 793～794 页。

化落后的俄国如何通向社会主义的创造性探索。在《论我国革命》开篇，列宁直指俄国所有小资产阶级民主派也和第二国际全体英雄一样迂腐。他们都自称马克思主义者，但是对马克思主义的理解却迂腐到无以复加的程度。马克思主义中有决定意义的东西，即马克思主义的革命辩证法，他们一点也不理解。第二国际权威理论家和俄国孟什维克把经济因素看成了复杂社会现象和历史发展的唯一最终决定因素，不了解历史发展中各种因素的相互作用；只孤立地考察俄国的生产力发展状况，而没有考虑到革命的灵活性，割裂了帝国主义时代背景下落后民族的民族解放斗争和无产阶级革命之间的联系，把西欧的发展道路固定化，消解了人的主体能动性。

第二节　关于新生苏维埃政权的争论

一、考茨基：现代社会主义是民主地、社会化地组织社会

在十月革命以前，考茨基在《斯拉夫人和革命》、《俄国革命的动力和前途》等文章中，曾热切期望俄国革命的到来，他曾说过，"我们正面临着革命中心的进一步转移，亦即转向俄国"，"我们正面临着俄国革命斗争的新时代，……我们可以指望，从西方接受了革命首创精神的俄国，现在将成为西方革命动力的泉源"。① 十月革命爆发后不久，考茨基虽然怀疑俄国无产阶级革命胜利的可能性，但他同时又认为，如果布尔什维克能够克服困难，"那么就会发生前所未闻的事情。世界历史的新时代将会开始。"很快，考茨基就站到了孟什维克的一边，考茨基认为，"布尔什维克在俄国夺得了政权，并且为了不必与其他社会主义政党分享政权，就把社会主义的国民议会推翻，而且实行一种反对一

---

① 《斯拉夫和革命》曾在俄国社会民主工党的报纸《火星报》1902 年 3 月 10 日第 18 号上发表，这里引自《取得政权的道路》，第 130～131 页。

切非共产主义者的恐怖主义制度"①。

《无产阶级专政》（1917）和《恐怖主义和共产主义》（1918）是考茨基在俄国十月革命以后"声讨"列宁主义、与列宁论战民主与专政问题的主要著作。考茨基说道，"我打算在理论上同布尔什维主义进行争论。我认为，这是公开考察布尔什维主义的唯一可能的形式。"②考茨基抛弃了马克思主义的阶级立场，将资产阶级的民主说成是一般民主或"纯粹民主"，谈论一般专政，形而上学地把民主与无产阶级专政对立起来，鼓吹资产阶级民主是通向社会主义的唯一道路，是"无产阶级解放的无可替代的工具"。考茨基还时常把无产阶级专政与赤裸裸的暴力等同起来。考茨基主要是站在西欧国家的立场上讨论"一般民主"与"无产阶级专政"的。之后，考茨基又在《陷入绝境的布尔什维主义》、《社会民主主义对抗共产主义》等文章中继续攻击苏维埃政权。下面，我们来详细地探讨一下考茨基的主要观点。

1. 谈论"一般民主"或"纯粹民主"，指出在一个具有民主传统的国家里，民主的意义在于民主对于过渡到无产阶级统治去的形式的影响

民主是社会主义不可或缺的基础。社会主义作为解放无产阶级的手段，没有民主是不可设想的。考茨基把现代社会主义不仅理解为社会化地组织生产，而且理解为民主地组织社会。因此，考茨基认为，"社会主义和民主是不可分割地联系在一起的，没有民主，就没有社会主义"③。考茨基认为，如果无产阶级在一个民主国家中在人数和力量上变得强大到足以利用现有的自由来夺取政权，那么"资产阶级的专政"想要调动必要的权力手段来用暴力废除民主将是十分困难的。因此，考茨基认为"和平长入社会主义"是可能的，他还引用了马克思1872年在海牙召开的第一国际代表大会闭幕后的一次群众大会上发表的演讲作

---

① ［德］卡尔·考茨基著，叶至译：《一个马克思主义者的成长》，三联书店，1973，第30～31页。

② ［苏］切尔涅佐夫斯基著，李宗禹、李兴耕译：《革命马克思主义者反对中派主义的斗争》，中国人民大学出版社，1988，第129页。

③ ［德］卡尔·考茨基著、刘磊译：《取得政权的道路》，三联书店，1963，第4页。

证明。考茨基强调，"虽然目前还无法看出，在不同的国家里，民主将如何影响无产阶级夺取政权的形式，以及民主在促使双方避免使用暴力而只采用和平方法方面将起多大的作用。但是，无论如何，民主的存在在这方面绝不是无关紧要的。"① 也就是说，在一个有民主传统的民主共和国，人民的权利是人民通过革命而赢得并保持和扩大的，人民的权利"几十年来、甚至几百年来已经牢固地扎下了根"；"在西欧，民主不像在俄国那样是明日黄花。它已经经历了一系列的革命，排除了重重困难而向前发展；它是赓续几百年斗争的结果。它已经被吸收到群众的血肉中去。"② 因此，民主的意义将对过渡到无产阶级统治的形式产生影响。

考茨基列举了四个会使社会主义成为可能和必要的特殊历史条件：（1）实现社会主义的意志以及（2）物质条件——工业发展水平；随着上述两个原料的具备，（3）实现社会主义的力量就必然存在了；但是，为了实现社会主义，还需要第四个因素，（4）具备一种保持和正确运用这些条件的能力，即无产阶级的成熟。③ 这种成熟意味着，无产阶级的阶级斗争，作为一种群众斗争，是以民主为前提的；但这些民主权利是从无产阶级反对资本的斗争中争得的。这种成熟归根到底意味着，"无产阶级是否具备那种能使政治民主扩展到经济领域、实现经济民主的力量和能力"④，就这种成熟而言，考茨基认为还不能作肯定的预言，"这里所涉及的因素是一种在各个国家里发展得悬殊很大的因素，这个因素在各个国家里在不同的时期也有很大得变化"，"同样，同等程度的能力今天在十分复杂的形势下取得政权时，可能是不能胜任的，而到明天，当出现了更明朗、更简单、物质基础更好的条件是，则又可能对各种需要都应付裕如了"。⑤ 因此，考茨基认为，民主也会对无产阶级

---

① ［德］卡尔·考茨基著、刘磊译：《取得政权的道路》，三联书店，1963，第6页。

② ［德］卡尔·考茨基著、马清槐译：《恐怖主义与共产主义》，三联书店，1963，第109页。

③ ［德］卡尔·考茨基著、叶至译：《无产阶级专政》，三联书店，1973，第6页。

④ ［德］卡尔·考茨基著、叶至译：《无产阶级专政》，三联书店，1973，第13页。

⑤ ［德］卡尔·考茨基著、叶至译：《无产阶级专政》，三联书店，1973，第13页。

的成熟度发挥影响。民主不仅能最快地使无产阶级趋于成熟，而且当无产阶级达到成熟时还最快能使它的成熟显示出来。然而，考茨基并不否认，无论民主能发挥多大的效用，只要民主还没有战胜资本主义生产方式，那么单靠民主就总不能消除从资本主义生产方式中产生的矛盾。因此，站在基于无产阶级成熟和拥有深厚民主传统的发达资本主义国家的立场上，考茨基认为"在民主国家里，无产阶级并不像在专制统治下那样，光是不断地思考者和谈论着革命"①。如果在不断改良和发展的基础上必然会出现燃起无产阶级革命思想和革命努力的形势。那么，"这终究比一次新的革命戏剧的那种单纯振奋神经的一时轰动还重要的多"②。

2. 谈论"一般专政"，将无产阶级专政视为一种过渡状态，否定和批判俄国无产阶级专政

考茨基对俄国无产阶级专政的批判是建立在考茨基对"民主"的推崇的基础上的。考茨基认为，"只有在民主的影响下，无产阶级才能达到它实现社会主义所需的成熟程度。"③。关于无产阶级专政，考茨基区分了"作为状态的专政"和"作为政体的专政"。考茨基认为，在马克思看来，无产阶级专政是指"一种在无产阶级夺得政权的任何地方都必然要出现的状态"，是"在无产阶级已经取得政权而还没有在经济上实现社会主义的时候，在准备社会主义和已经实现社会主义这两个阶段——这两个阶段都需要民主——之间的过渡阶段"；考茨基举例说，马克思认为，英国和美国可以和平地，即用民主的方法实现过渡，就足以证明，"无产阶级专政"指的不是政体，而是"一种在无产阶级占压倒性多数的情况下，从纯粹民主中必然产生出来的状态"。④ 除非有暴力来压制民主，否则就没有必要损害民主，"暴力只能用暴力来回

---

① ［德］卡尔·考茨基著、叶至译：《无产阶级专政》，三联书店，1973，第23页。
② ［德］卡尔·考茨基著、叶至译：《无产阶级专政》，三联书店，1973，第23页。
③ ［德］卡尔·考茨基著、叶至译：《无产阶级专政》，三联书店，1973，第23页。
④ ［德］卡尔·考茨基著、叶至译：《无产阶级专政》，三联书店，1973，第24~25页。

答"①。否则，无产阶级革命将在与资产阶级革命条件完全不同的和平的条件下实现。也即，即使不是"纯粹的"民主，但毕竟是一定程度的民主在今天西欧的无产阶级中已经扎根，除非资产阶级用暴力行动来压制民主，否则，法国大革命的过程决不会在西欧重演。因此，考茨基认为，在有无产阶级构成民族大多数并且用民主方式组织起来的国家里，无产阶级专政只能被理解为在民主基础上的无产阶级统治。而不能理解为别的。

而"作为政体的专政"的俄国苏维埃专政是在普遍崩溃和到处贫困的情况下用暴力强制和专政建立的一个为人人谋幸福的政权，这是靠诸种反常情况的巧合才取得的政权。一方面，实现社会主义所需的物质条件和文化条件欠缺，另一方面，人民群众反对激烈，因此，用专政替代民主就显得不可避免了。但是，在这里，"社会主义所遭遇的困难如此巨大，以至于根本不可能实现普遍福利，而且被专政剥夺政治权利的人民群众同这个暴力政权也不可能相和解"②。考茨基得出结论说，俄国在革命爆发的时候，时机并未成熟，"如果社会主义看来不可能建立在民主的基础上，如果大部分人拒绝社会主义，那么实行社会主义的时机就还没有成熟"③。他说虽然是社会主义在俄国取得了胜利，但是"社会主义则已经遭到了一次失败"。他甚至说，"布尔什维克的专政在国家政权的专断、强力和不受约束方面都远远超过了沙皇制度，所以对于工业也发生了比后者远为更大的瘫痪作用。"④

二、卢森堡：无产阶级专政应当是"民主"的阶级专政

1918 年，卢森堡通过《论俄国革命》一书中对俄国十月革命给予了极大的肯定并称赞布尔什维克通过自己坚决的革命态度，超常的行动毅力和不可动摇的忠诚，在极为困难的条件下为国际社会主义充分做出

① ［德］卡尔·考茨基著、叶至译：《无产阶级专政》，三联书店，1973，第 27 页。
② ［德］卡尔·考茨基著、叶至译：《无产阶级专政》，三联书店，1973，第 51 页。
③ ［德］卡尔·考茨基著、马清槐译：《恐怖主义与共产主义》，三联书店，1963，第 108 页。
④ 中共中央编译局资料室编：《考茨基言论》，三联书店，1973，第 391 页。

了贡献。同时就"解散立宪会议事件"对苏维埃的无产阶级专政发表了自己的看法，但是这并不妨碍她对俄国十月革命的积极肯定。针对当时苏维埃政府规定的选举权，即针对从资产阶级的资本主义社会形态向社会主义社会形态过渡时期——无产阶级专政时期，只将给予那些靠自己劳动为生的人，而拒绝给予一切其他的人，卢森堡做出预言道，"随着政治生活在全国受到压制，苏维埃的生活也一定会日益陷于瘫痪。""没有普选，没有不受限制的出版和集会自由，没有自由的意见交锋，任何公共机构的生命就要逐渐灭绝，就成为没有灵魂的生活，只有官僚乃是其中唯一的活动因素。公共生活逐渐沉寂，几十个具有无穷无尽的精力和无边无际的理想主义的党的领导人指挥着和统治着，在他们中间实际上是十几个杰出人物在领导，还有一批工人中的精华不时被召集来开会，聆听领袖的演说并为之鼓掌，一致同意提出来的决议，由此可见，这根本是一种小集团统治——这固然是一种专政，但不是无产阶级专政，而是一小撮政治家的专政，就是说，纯粹资产阶级意义上的专政。"① 早在1904年的《俄国社会民主党的组织问题》一文中，卢森堡就已经就"民主"与"专制"的关系问题提出了建议。卢森堡反对"极端集中制"原则指导下的组织形式，认为"承担舵手"的唯一客体应是工人阶级这一"集体的我"。对此，卢森堡说，"坦率地说，真正革命的工人运动所犯的错误，同一个最好的'中央委员会'不犯错误相比，在历史上要有成果得多和有价值得多。"②

1. 卢森堡指责苏维埃的无产阶级专政是"颠倒过来的资产阶级国家"

卢森堡认为任何一种选举权，是应当按照它所适应的社会和经济关系来衡量，而不应当按照某种抽象的"正义"公式或者类似资产阶级民主的公式来衡量。苏维埃政府规定的选举权是针对从资产阶级的资本主义社会形态向社会主义社会形态的过渡时期即无产阶级专政时期的。

---

① ［德］罗莎·卢森堡著，殷叙彝、傅惟慈、郭颐顿等译：《论俄国革命·书信集》，贵州人民出版社，2001 第31～32页。
② 中央马列著作编译局：《卢森堡文选》（上），人民出版社，1984，第518页。

但是，苏维埃的无产阶级专政是"只给予那些靠自己劳动为生的人以选举权，而拒绝给予一切其他的人"，卢森堡认为，"显然，这样的选举权只是在一个经济上也有能力使一切愿意劳动的人可以依靠自己劳动获得充裕的、文明的生活的社会里才有意义。目前的俄国说得上这样吗？"① 答案是显然否定的。十月社会主义革命后的俄国经济生活遭到了严重的破坏并且与世界市场隔绝，生产关系由于农业、工业以及商业中财产关系的变化而发生急剧的变革，在这样的情势下，利用资产阶级专门人才和同资产阶级消费合作社实行妥协都是无法避免的。因此，卢森堡认为，采取一切镇压措施来粉碎中间阶级、资产阶级和小资产阶级知识分子在十月革命以后对苏维埃政府的抵抗正是社会主义专政的表现，但是如果普遍剥夺广大社会阶级在政治上和在经济上的权力却是没有必要的，这是一种"缺乏生命力的临时凑合的做法"②。卢森堡认为，问题还不仅限于立宪会议和选举权，而在于健康、民主的公共生活的营造。在这个意义上，卢森堡指责社会主义国家成了镇压资产阶级的工具，苏维埃的无产阶级专政无非是"颠倒过来的资产阶级国家"。

2. 卢森堡指责列宁的根本错误在于他们同考茨基一样，把专政同民主对立起来。

卢森堡认为，"社会主义的社会制度只应当而且只能是一个历史产物，它是在它自己的经验的学校中，在它得到实现的那一时刻，从活的历史的发展中产生的。"因此，"只有经验才能纠正并且开辟新的道路"③。因此，只有不受拘束的汹涌澎湃的生活才能保持创造力与警惕，并及时纠正自己的一切失误；取消民主将阻塞一切精神财富和进步的泉源。除此之外，绝对公开的监督是必不可少的，否则腐化将不可避免。社会主义民主政治应该实现几个世纪以来在资产阶级统治下已经退化的

---

① ［德］罗莎·卢森堡著，殷叙彝、傅惟慈、郭颐顿等译：《论俄国革命·书信集》，贵州人民出版社，2001 第26页。

② ［德］罗莎·卢森堡著，殷叙彝、傅惟慈、郭颐顿等译：《论俄国革命·书信集》，贵州人民出版社，2001 第19页。

③ ［德］罗莎·卢森堡著，殷叙彝、傅惟慈、郭颐顿等译：《论俄国革命·书信集》，贵州人民出版社，2001 第29页。

群众在精神上的彻底转变，并要求对群众进行最深入的政治训练和经验积累，"用社会本能代替自私本能；用群众首创替代惰性；等等。"① 而列宁同考茨基一样将专政同民主对立起来。"考茨基当然决心维护民主，而且是资产阶级民主，因为他正是把资产阶级民主看成社会主义变革的代替品。相反，列宁决心维护专政而反对民主，从而维护一小撮人的专政，也就是资产阶级专政。这是对立的两极，二者同样都距离真正的社会主义政治很远。"②

因而，卢森堡认为，一方面，取得了政权的无产阶级不能仅仅献身于民主，因为这样做就是对革命的背叛；但是另一方面，所谓的阶级专政也不能是一个党或者一个集团的专政，而应该是"最大限度公开的、由人民群众最积极地、不受阻碍地参加的、实行不受限制的民主的阶级专政"；"这一专政是在于运用民主的方式，而不是在于取消民主，是在于有力地、坚决抵侵犯资产阶级社会的既得权利和经济关系，没有这种侵犯，社会主义革命就不能实现。但是这一专政必须是阶级的事业，而不是极少数领导人以阶级的名义实行的事业，这就是说，它必须处处来自群众的积极参与，处于群众的直接影响下，接受全体公众的监督，从人民群众日益发达的政治教育中产生出来"③，是直接民主和间接民主的统一。

三、伯恩施坦：俄国的无产阶级专政实质是一党专政的东方暴君专制

1919 年 8 月，伯恩施坦为他之前所著的《费迪南·拉萨尔及其对工人阶级的意义》一书第二版作序。其中，伯恩施坦用德国社会民主党拿议会斗争所取得的成就同苏俄无产阶级专政做比较，指责俄国社会主义者拒绝普选权的做法是"对马克思和恩格斯建立的科学社会理论

---

① [德] 罗莎·卢森堡著，殷叙彝、傅惟慈、郭颐顿等译：《论俄国革命·书信集》，贵州人民出版社，2001 第 30 页。

② [德] 罗莎·卢森堡著，殷叙彝、傅惟慈、郭颐顿等译：《论俄国革命·书信集》，贵州人民出版社，2001 第 32 页。

③ [德] 罗莎·卢森堡著，殷叙彝、傅惟慈、郭颐顿等译：《论俄国革命·书信集》，贵州人民出版社，2001 第 33 页。

的最重要原理的背弃"①。

伯恩施坦认为,自1866年德国工人系统地利用民主权以来,越来越多的社会主义者开始把争取和利用民主选举权作为他们的任务,甚至由于德国社会民主党所取得的成就,马克思和恩格斯对它的评价也逐渐提高。恩格斯更是在去世不久前,在他为马克思《1848年至1850年的法兰西阶级斗争》一文所写的导言中指明,德国工人已经越来越懂得将选举权从一种"欺骗手段"转变为"解放手段"。而且,随着资本主义的生产方式以及由此而获得发展的现代无产阶级的高度成熟,普选权就会并且必然会加强工人阶级的政治力量,并保证其思想意识在公共生活的各个方面起决定性的影响,最终通过无产阶级执掌政权将资本主义社会改变成社会主义社会。

与之相反,由于经济发展落后,再加上苏俄无限期地禁止普选权并用"居民中被挑选出来的若干部分和集团"的代表权来代替普选权的做法,还根本够不上实现社会主义。伯恩施坦认为,布尔什维克的这种做法是"想要通过坚决的干预把这一发展温和地提高到所需要的高度"②,这样以来,他们就必然要退回到马克思主义以前的那种社会主义的空想方法中去。伯恩施坦分析到,在经济方面,不承认资本主义企业在现在经济生活中所承当的经济职能,直接抑制它为文明进步创造基础的职能完全是社会唯心主义的行为;在政治方面,布尔什维克抛弃选举权的做法,是赤裸裸的东方暴君专制。因而,无论是布尔什维克的经济政策还是社会政策都是由尖锐的矛盾所组成的,更何况,伯恩施坦认为,当社会的发展规律同统治者之间的暴力发生矛盾时,"只会导致破坏而不会一致地为进步服务"③。

---

① 〔德〕爱德华·伯恩施坦著,殷叙彝编:《伯恩施坦读本》,中央编译出版社,2008,第489页。

② 〔德〕爱德华·伯恩施坦著,殷叙彝编:《伯恩施坦读本》,中央编译出版社,2008,第490页。

③ 〔德〕爱德华·伯恩施坦著,殷叙彝编:《伯恩施坦读本》,中央编译出版社,2008,第491页。

四、列宁：苏维埃的实质是无产阶级专政

1918 年 8 月，在柏林出版的《社会主义的对外政策》杂志刊登了考茨基号召各国社会民主党同布尔什维克作斗争的文章：《是民主呢还是专政》。10 月初，列宁阅读完考茨基的小册子《无产阶级专政》后，立即写作了《无产阶级革命和叛徒考茨基》一书。紧接着，列宁先后在《论"民主"与专政》、《无产阶级专政时代的经济和政治》、《资产阶级如何利用叛徒》等著作中与考茨基论战，全面阐述了过渡时期的阶级斗争和无产阶级专政等重大问题。其实早在《国家与革命》（列宁在 1917 年 8 月和 9 月间，即在 1917 年 10 月 25 日前夜写成）第 6 章《马克思主义被机会主义者庸俗化》中列宁就公开揭露过考茨基对马克思主义的歪曲。列宁强调指出，考茨基高谈"纯粹民主"，企图欺骗群众，掩盖现代民主的资产阶级性质。列宁认为在阶级社会中，民主始终是有阶级的，并用无产阶级的阶级观点来反对考茨基关于资产阶级民主的抽象观点："资产阶级民主同中世纪制度比较起来，在历史上是很大的进步，但是一分钟也不要忘记这种'民主'的资产阶级性质，忘记它是有历史条件的和有历史局限性的，不要忘记，不仅在君主制度下，就是在最民主的共和制度下，国家也无非是一个阶级镇压另一个阶级的机器。"①

1. 正确处理好民主与专政的问题

列宁一针见血地指出，考茨基是想以"和平的方式，即民主方法"避开暴力革命。列宁说，"问题正在于和平变革同暴力变革的对立，问题的实质就在于这里"，"考茨基运用一切遁词、诡辩和骗人的伪造，正是为了避开暴力革命，为的掩盖他背弃这种革命的行为"②。

首先，列宁认为，民主是有阶级性的。自由主义者谈一般"民主"是自然的，但是马克思主义者却不应该忘记提出这样的问题，"这是对哪个阶级的民主？"只要有阶级的存在，就不能说是"纯粹民主"，而

---

① 列宁：《列宁选集》第 3 卷，人民出版社，2012，第 648 页。
② 列宁：《列宁选集》第 3 卷，人民出版社，2012，第 597 页。

只能说是阶级的民主。"资产阶级民主同中世纪制度比较起来，在历史上是很大的进步，但是它始终是而且在资本主义制度下不能不是狭隘的、残缺不全的、虚伪的、骗人的民主，对富人是天堂，对穷人和被剥削者是陷阱和骗局。"① 资产阶级议会制是有历史局限性和历史条件的。考茨基没有注意到国家机构、国家机器的阶级实质。只有无产阶级民主（苏维埃就是它的一种形式）才是对大多数居民即被剥削的劳动者的民主。在苏维埃制度下，劳动人民第一次成为了国家的真正主人。"无产阶级民主比资产阶级民主要民主百万倍；苏维埃政权比民主的资产阶级共和国要民主百万倍。②"

其次，列宁认为，"议会迷"考茨基说无产阶级专政是"状态"而不能是"作为政体（管理形式）的专政"是对"无产阶级专政"概念的歪曲。苏维埃这一无产阶级专政形式，是被剥削劳动群众自己的组织，它便于群众给自己用一切可能的方法来建设和管理国家。列宁认为，专政的必要标志和必须条件就是"用暴力镇压剥削者阶级，因而也就是破坏对这个阶级的'纯粹民主'即平等和自由"。列宁指出，"苏维埃共和国不仅是更高的民主制度形式（与资产阶级共和国以及与作为其最高机构的立宪会议相比），而且是唯一能够促成最无苦痛地过渡到社会主义的形式"，它最接近"人民"，最灵敏地反映群众在政治上阶级上成熟发展到什么程度；"苏维埃只是无产阶级专政的俄国形式"③。列宁认为，无产阶级专政虽然是无产阶级的国家政权，但是这个阶级的专政却不能直接由整个无产阶级来实现，而只能通过无产阶级的先锋队即共产党的领导来实现。

列宁还论述了民主与专政的关系。在阶级社会里，民主和专政总是联系在一起的，没有专政就没有民主，没有民主也谈不上专政。关键问题在与对谁讲民主，对谁实行专政。考茨基把无产阶级专政等同于"个人独裁"。列宁明确指出，苏维埃政权的实质在于，过去受资本主

---

① 列宁：《列宁选集》第3卷，人民出版社，2012，第601页。
② 列宁：《列宁选集》第3卷，人民出版社，2012，第606页。
③ 列宁：《列宁选集》第3卷，人民出版社，2012，第615页。

义剥削和压迫的劳动群众，"现在经常被吸引来而且一定要吸引来参加对国家的民主管理并在其中起决定作用"①。无产阶级专政，就是无产阶级对资产阶级的独裁，是无产阶级镇压资产阶级反抗的暴力工具。为了巩固无产阶级专政，无产阶级必须同广大的非无产阶级劳动群众联合起来，形成占人口多数的社会主义革命力量。这是无产阶级专政所必须的阶级基础。没有这样的阶级基础，无产阶级专政就不能保证对资产阶级的胜利，更不能完成建设社会主义的任务。因此，列宁又给无产阶级专政下了这样的定义："无产阶级专政是劳动者的先锋队——无产阶级同人数众多的非无产阶级的劳动阶层（小资产阶级、小业主、农民、知识分子等等）或同他们的大多数结成的特种形式的阶级联盟。"②

2. 无产阶级专政的更重要的任务是建设社会主义经济。

落后国家进行社会主义革命的根本目的就是要解放和发展生产力，建设社会主义经济，满足人民的物质和文化生活需要。在这个意义上，列宁着重强调了无产阶级专政的建设职能。列宁指出，"无产阶级专政，不只是对剥削者使用的暴力，甚至主要的不是暴力。这种革命暴力的经济基础，它富有生命力和取得胜利的保证，在于无产阶级代表着并实现着比资本主义更高的社会劳动组织。实质就在这里。"③ 因此，组织社会主义经济建设，是无产阶级专政更重要的任务。"因为归根到底，只有新的更高的社会生产方式，只有用社会主义大生产代替资本主义生产和小资产阶级生产，才能是战胜资产阶级所必须的力量的最大源泉，才能是这种胜利牢不可破的唯一保证。"④ 在取得苏维埃政权之后，列宁在全俄苏维埃第九次代表大会上所指出的，"现在历史赋予我们的任务是：在很长的时期内进行缓慢的、艰巨的、困难的经济工作，以便最终完成极其伟大的政治变革。历史上伟大的政治变革总是需要经过漫长的道路才能被消化。……"⑤ 在这里，所谓"消化"就是指达到更高

---

① 列宁：《列宁全集》第 35 卷，人民出版社，1985，第 493 页。
② 列宁：《列宁全集》第 35 卷，人民出版社，1985，第 365 页。
③ 列宁：《列宁选集》第 4 卷，人民出版社，2012，第 9 页。
④ 列宁：《列宁选集》第 4 卷，人民出版社，2012，第 13 页。
⑤ 列宁：《列宁全集》第 42 卷，人民出版社，1987，第 351 页。

的经济文化水平。在取得了进一步发展文明的前提条件——社会主义制度确立之后，接下来需要进行的就是大力发展生产力以告别社会主义国家经济文化落后的现实状况。列宁在十月革命之后与考茨基的论战，阐明了民主与专政的一系列重大问题，而且极大地丰富了无产阶级专政的理论。

第三节　十月革命符合社会历史规律

19 世纪后半叶的俄国，经济发展远远落后于西欧资本主义迅速发展的国家。1861 年农奴制改革后，俄国开始了从封建专制制度向资本主义君主立宪制过渡的巨大转变。但是，由于改革并不彻底，俄国社会生产力受到严重阻碍。随着大工业的发展，工人阶级登上历史舞台。工人与资本家的阶级对立也日趋激烈。人民群众处于农奴制残余和资本主义的双重压迫之下，社会变革迫在眉睫。因此，俄国社会发展和俄国革命前景问题便成为各阶层有志之士探索的焦点。民粹派依据俄国公社在全国范围内保留较为完整这一事实，最早提出在俄国农村公社制度的基础上可以直接建成社会主义。这一问题也得到马克思和恩格斯的关注。我们可以首先梳理以下关于这一问题马克思和恩格斯分别是如何论述的。

1. 马克思对俄国农村公社跨越"卡夫丁峡谷"的设想

1877 年，在马克思写的《给〈祖国纪事〉杂志编辑部的信》中，马克思认为，"如果俄国继续走它在 1861 年所开始走的道路，那它将会失去当时历史所能提供给一个民族的最好的机会，而遭受资本主义制度所带来的一切灾难性的波折"。[1] "如果有人一定要把我关于西欧资本主义起源的历史概述彻底变成一般发展道路的历史哲学理论，一切民族，

---

[1]　马克思，恩格斯：《马克思恩格斯选集》第 3 卷，人民出版社，1995，第 340 页。

不管他们所处的历史环境如何，都注定要走这条路，——以便最后都达到在保证社会劳动生产力即高度发展的同时又保证每个生产者个人最全面发展的这样一种经济形态。但是我要请他原谅。他这样做，会给我过多的荣誉，同时也会给我过多的侮辱。"①

1881年2月底到3月初，马克思《给维·伊·查苏里奇的复信》中明确地把"'一种私有制形式变为另一种私有制形式'运动的'历史必然性'限于西欧各国"②；马克思认为"俄国是在全国范围内把'农业公社'保存到今天的欧洲唯一的国家。它不像东印度那样，是外国征服者的猎获物；同时，它也不是脱离现代世界孤立存在的，……就使俄国可以不用通过资本主义制度的卡夫丁峡谷，而把资本主义制度所创造的一切积极的成果用到公社中来"③。但是，马克思很快就说到，"我们必须从纯理论回到俄国现实中来：一方面，俄国"农村公社"几乎陷入绝境；另一方面，强有力的阴谋正在等待着它，准备给它以最后的打击。"④ 因此，要挽救俄国公社，就必须有俄国革命。在这里，虽然马克思讨论的是俄国公社的命运，但却是用历史唯物主义方法论来分析俄国历史的产物。马克思自己说，为了能够对当时俄国的经济发展作出准确的判断，他学习了俄文，还在很多年内研究了与此相关的很多资料。在信中"从历史观点来看"、"从理论上说"等等的分析，给我们很多关于俄国社会发展道路灵活性的思考。

之后，在1882年马克思和恩格斯共同为《共产党宣言》所写的俄文版序言中将俄国革命与西方无产阶级革命的互相补充看作是俄国公社跨越"卡夫丁峡谷"的基本前提。他们指出，"《共产党宣言》是宣告现在资产阶级所有制的必然灭亡。但是在俄国，我们看见，除了狂热发展的资本主义制度和刚开始形成的资产阶级土地所有制外，大半土地仍归农民共有。""那么试问：俄国农民公社，这一固然已经大遭破坏的

---

① 马克思，恩格斯：《马克思恩格斯选集》第3卷，人民出版社，1995，第342页。
② 马克思，恩格斯：《马克思恩格斯选集》第3卷，人民出版社，1995，第761页。
③ 马克思，恩格斯：《马克思恩格斯选集》第3卷，人民出版社，1995，第765页。
④ 马克思，恩格斯：《马克思恩格斯选集》第3卷，人民出版社，1995，第340页。

原始土地公有制形式，是能直接过渡到更高级的共产主义的土地所有制形式呢？或者，它还必须先经历西方的历史发展所经历的那个瓦解过程呢？""对于这个问题，目前唯一可能的答复是：假如俄国革命将成为西方工人革命的信号而双方互相补充的话，那么现今的俄国公有制便能成为共产主义发展的起点。"①

2. 恩格斯对俄国社会发展道路的探索

恩格斯也十分关注俄国社会的发展和革命前景问题。1875 年在恩格斯撰写的《论俄国的社会问题》一文中，他对俄国的革命前景问题发表了看法。在这篇文章中，恩格斯用唯物史观的方法驳斥了俄国民粹派不顾历史发展的客观条件，鼓吹俄国可以借助农村公社直接过渡到社会主义的主张。恩格斯认为，只有在下述情况，即"西欧在这种公社所有制彻底解体以前就胜利地完成无产阶级革命并给俄国农民提供实现这种过渡的必要条件，特别是提供整个农业制度中实行必然与此相联系的变革所必须的物质条件"②，才能挽救俄国的公社所有制。也正是在这篇文章中，恩格斯在批评民粹派的错误观点时指出，社会生产力发展到一定甚至是很高的程度是社会主义革命的一个必要的先决条件；"以致使得阶级差别的消除成为真正的进步，使得这种消除可以持续下去，并不致在社会的生产方式中引起停止甚至倒退"③。

1894 年，在《论〈俄国的社会问题〉跋》中，恩格斯继续关注并论述俄国农村公社命运和俄国革命的前景问题。恩格斯继续批判那种不顾客观社会历史条件，认为农村公社可直接过渡到社会主义社会的看法，指出，"较低的经济发展阶段解决只有高得多的发展阶段才产生了的和才能产生的问题和冲突，这在历史上是不可能的"④，只有当西欧各国人民的无产阶级取得胜利和生产资料转为公有之后，只有当落后国家看到"这是怎么回事"，看到把现代工业的生产力作为社会财产来为

---

① 马克思，恩格斯：《马克思恩格斯文集》第 2 卷，人民出版社，2009，第 18 页。
② 马克思，恩格斯：《马克思恩格斯文集》第 3 卷，人民出版社，2009，第 399 页。
③ 马克思，恩格斯：《马克思恩格斯文集》第 3 卷，人民出版社，2009，第 389 页。
④ 马克思，恩格斯：《马克思恩格斯文集》第 4 卷，人民出版社，2009，第 459 页。

整个社会服务的时候，落后的国家才能开始这种缩短的发展过程。紧接着，在这篇跋中，面对俄国社会经济的新发展，即"俄国越来越快地转变为资本主义工业国，很大一部分农民越来越快地无产阶级化，旧的共产主义公社越越来越快地崩溃"①，恩格斯认为毋庸置疑的是"要想保存这个残存的公社，就必须首先推翻沙皇专制制度，必须在俄国进行革命"。这场革命不仅会"将农民引向一个大舞台"，而且"还会给西方的工人运动以新的推动，为它创造新的更好的斗争条件，从而加速现代工业无产阶级的胜利；没有这种胜利，目前的俄国无论是在公社的基础上还是在资本主义的基础上，都不可能达到社会主义的改造。"② 恩格斯的分析为落后国家和民族的特殊的社会发展指明了道路，论证了俄国革命的可能性，是对俄国社会发展道路的积极探索。

3. 俄国革命的可行性取决于它所处的具体的历史环境

唯物史观是马克思观察和研究社会历史的方法，是"所有马克思主义史学家进行历史研究的共同实践的场所"。③ 正如马克思在《给"祖国纪事"编辑部的信》指出，"极为相似的事情，但在不同的历史环境中出现就引起了完全不同的结果。如果把这些发展过程中的每一个都分别加以研究，然后再把它们加以比较，我们就会很容易地找到理解这种现象的钥匙；但是，使用一般历史哲学理论这一把万能钥匙，那是永远达不到这种目的的，这种历史哲学理论的最大长处就在于它是超历史的。"④ 也就是说，马克思从纷繁复杂的人类社会中凝练出了对人类社会发展的一般规律的总结，但是作为从现实到理论，再到对现实的指导的方法论的唯物史观却要求：对任何一个历史现象的理解，都必须通过对其出现的具体历史过程的各个方面进行不偏不倚的分析、比较，才能予以说明。每一社会中的生产关系都形成一个统一独特的整体，唯物史观只是提供了历史地了解这一社会的钥匙和方法论。

----

① 马克思，恩格斯：《马克思恩格斯文集》第4卷，人民出版社，2009，第466页。

② 马克思，恩格斯：《马克思恩格斯文集》第4卷，人民出版社，2009，第466页。

③ ［英］E. P. 汤普森著，钱乘旦等译：《英国工人阶级的形成》，译林出版社，2001，第44页。

④ 马克思，恩格斯：《马克思恩格斯全集》第19卷，人民出版社，1963，第131页。

　　基于马克思和恩格斯的理论分析以及俄国自身的特殊性，我们可以看出，俄国革命的可行性取决于它所处的独特的历史环境：第一，俄国不是孤立存在的，它是和资本主义制度所创造的一切优秀成果一起存在的，完全没有必要再经历西方已先经历过的很长的工业化孕育期而充分利用资本主义所创造的一切积极的成果；第二，俄国本身政治上的落后、民主传统的缺失、资本主义发展的不成熟；此外，无产阶级反对资产阶级的革命与农民反对地主的革命独特地结合在了一起，革命势在必行且革命愿望强烈；第三，相比较于1789年与1848年，欧洲无产阶级工人运动成熟而丰富的经验和1905年革命的影响使得当时的无产阶级已发展到足以担当领导责任的历史阶段；第四，帝国主义政治经济发展的不平衡以及由此而导致的帝国主义矛盾和世界大战客观上为俄国革命提供了可能性，激发了俄国无产阶级与资产阶级斗争的热情和主动性：这些因素的综合使得处在十字路口的俄国必然可以先通过社会主义革命的方式为俄国的社会发展创造条件。

　　卢卡奇在《历史与阶级意识》一书中探究什么是正统马克思主义时，指出"正统的马克思主义并不意味着无批判地接受马克思研究的结果。它不是对这个或那个论点的'信仰'，也不是对某本'圣'书的注解。恰恰相反，马克思主义问题中的正统仅仅是指方法。它是这样一种科学的信念，即辩证的马克思主义是正确的研究方法，这种方法只能是按其创始人奠定的方向发展、扩大和深化。"[1] 马克思通过人类历史的考察，揭示了生产力与生产关系、经济基础与上层建筑的矛盾运动规律，阐明了人类历史发展的规律，从而为未来人类历史的发展指明了方向。但是，这种理解在强调历史的发展在遵循客观规律的同时，按照"唯物辩证法"的阐释方式同时还强调人的主观能动性在具体的历史发展过程中具有的能动的反作用。卢卡奇在这本书中还提出了"具体的总体"这一现实范畴。他认为马克思历史唯物主义的本质就是辩证法，即具体的总体；只有把社会生活中的孤立事实作为历史发展的环节并把

---

　　① ［匈］卢卡奇著，杜章智、任立、燕宏远译：《历史与阶级意识》，商务印书馆，1992，第48页。

它们归结为一个总体的情况下，才能成为对现实的认识。

正如马克思所说的，"对现实的描述会使独立的哲学失去生存环境，能够取而代之的充其量不过是从对人类历史发展的考察中抽象出来的最一般的结果的概括。这些抽象本身离开了现实的历史就没有任何价值。它们只能对整理历史资料提供某些方便，指出历史资料的各个层次的顺序。但是这些抽象与哲学不同，它们绝不提供可以适用于各个历史时代的药方和公式。相反，只是在人们着手考察和整理资料——不管是有关过去时代的还是有关当代的资料——的时候，困难才开始出现。这些困难的排除受到种种前提的限制，这些前提在这里是根本不可能提供出来的，而只能从对每个时代的个人的现实生活过程和活动的研究中产生。"①

从而，第二国际庸俗的马克思主义者总是力图从马克思主义中彻底取消辩证法，将西欧资本主义社会的发展道路看作是超历史的。历史唯物主义反对任何形式的"宿命论"，而是为行动指明方向的认识现实的唯一方法。马克思和恩格斯创立了关于社会发展普遍规律和无产阶级斗争任务的学说，指出了无产阶级的客观利益就在于废除一切剥削形式，一切社会的和民族的压迫，建立生产资料公有制。然而，在新的时代条件下，每个国家的无产阶级应该采取那些具体途径和方式才能获得胜利，这一问题是不可能直接从马克思主义学说中找出答案的。为了解决这个问题，就必须运用唯物史观对十分具体的实际情况加以考察和分析。正如恩格斯晚年在《致爱德华·皮斯》中写道的，"无论如何应该声明，并没有任何一劳永逸的现成方案。我们对未来非资本主义社会区别于现代社会特征的看法，是从历史事实和发展过程中得出的确切结论；不结合事实和过程去加以说明，就没有任何理论价值和实际价值。"②

---

① 马克思，恩格斯：《马克思恩格斯文集》第 1 卷，人民出版社，2009，第 526 页
② 马克思，恩格斯：《马克思恩格斯选集》第 4 卷，人民出版社，2012，第 528 页。

第六章

第二国际时期理论争论的影响与启示

　　长期以来，在第二国际内部，革命主义、中派主义和改良主义的争论就一直存在着，但是它还保持着一种松散的组织结构。当战争爆发时，社会民主党就由于这样一个命运攸关的难题而发生分裂。第一次世界大战爆发将社会主义者分为三个阵营：改良主义和沙文主义的社会主义者；中派社会主义者，以及反战的左派。1914 年 8 月，一战爆发后，在 8 月 3 日举行的议会党团会议上，右派投票赞成了战争拨款案，在实践中支持帝国主义战争，德国社会民主党最终以 78 票对 14 票赞成政府军事拨款的决议，少数以卡尔·李卜克内西和卢森堡为代表的左派表示反对；考茨基采取了"中间立场"，"要求不应该无条件地反对或赞成。社会民主党只能对这样一个政府批准军事拨款，这个政府向举国上下郑重保证，只为自卫而战，其目的在于以一种没有兼并、赔款、暴行的协商媾和来尽快结束战争。"①

　　第一次世界大战爆发后，考茨基"超帝国主义论"的抛出使得德国社会民主党中派在战争问题上逐渐与党内的改良主义以及沙文主义拉开距离，并与革命左派在反战的态度上趋向联合。于是，1917 年 4 月，中派和左派反战议员在哥达召开会议，正式成立了独立社会民主党，从社会民主党中分离出去，与右派分裂，考茨基和伯恩施坦都在独立社会民主党之列。俄国十月革命后，这一分化便更为严重。1918 年，第一

---

　　① ［德］卡尔·考茨基著，叶至译：《一个马克思主义者的成长》，三联书店，1973，第 28 页。

次世界大战德国战败的灾难导致德国十一月革命爆发，德皇威廉二世被推翻，德意志帝国灭亡，魏玛共和国建立。社会民主党和激进的独立社会民主党共同执政；后来，由于社会党想保持资本主义在德国的现状，独立社会民主党脱离政府。1918 年 12 月，又由于在革命策略上的分歧，在独立社会民主党内部，斯巴达克派①又与中派发生分裂，并发动第二股革命浪潮并成立了德国共产党，最终被社民党领导的右翼自由军团镇压。1919 年 1 月 15 日，斯巴达克派的两位领导人卡尔·李卜克内西和罗莎·罗森堡惨遭杀害。1918—1920 年间，潜在的革命情绪在西欧无与伦比，但是却失败了。

1919 年 3 月，苏维埃成立了新的国际组织——第三国际，并在 1920 年 7 月至 8 月举行的共产国际第二次代表大会上起草了加入共产国际的"二十一条"。同期，为了推行社会改良主义，四十多个社会民主党积极参与了日内瓦代表大会，正式从组织上恢复了第二国际，称为伯尔尼国际；并后来与 1921 年 2 月成立的试图在布尔什维克主义与社会民主主义之间建立桥梁的"第二个半国际"在 1923 年 5 月合并组成社会党国际，推行民主的社会主义。至此，民主社会主义和列宁主义最终在形式上也分道扬镳。在这种情况下，西欧共产党和左派也开始了对西欧社会主义革命失败的原因和西方革命的策略问题进行思考，并提到了哲学的高度，形成了一股以卢卡其、葛兰西和柯尔施为代表的西方马克思主义思潮，用于区别他们对马克思主义作出的不同于俄国马克思主义的解释。

---

① 德国社会民主党左派，自从加入德国独立社会民主党以来，在组织上保持着高度独立自主性，始终站在无产阶级国际主义立场上，积极进行反对帝国主义战争的宣传；领导人是卡尔·李卜克内西和罗莎·卢森堡。

第一节 马克思主义的分野发展

第二国际瓦解后，马克思主义分化为"列宁主义"与"民主社会主义"，和"西方马克思主义"一起沿着三个方向演进发展。其中，在西方社会，民主社会主义经历两次世界大战之间社会主义工人国际各党的发展，逐渐成为当代发达资本主义国家（主要是西欧各国）的社会党（包括工党和社会民主党）的思想体系的统称，并成为西方政党中建设性的反对力量。西方马克思主义则是在社会主义理论和工人阶级实践之间愈益分离的情况下发展起来，并将其焦点固定在工业文明的弊端批判和文化批判上，敦促西方社会不断推进改良。在东方社会，俄国十月革命所开辟的马克思主义道路更关注工业化进程成果的吸收与借鉴，并在中国实现了对苏联模式的实质性突破，开辟了中国特色社会主义道路，促进了东方经济文化落后国家的现代化建设和旨在实现高于资本主义的社会形态的积极探索。

一、在实践中探索的民主社会主义

经历了第一次世界大战后的民主社会主义，逐渐与马克思主义渐行渐远，成为一种改良的社会主义。民主社会主义将社会主义的实现看作是一个在生活领域全方位实现民主化的过程，是在其既有文化传统上对欧洲资本主义发展变化做出的积极反映。它将"议会民主"看作是实现社会主义的条件，然而它所强调的"议会民主"并未超过资产阶级民主的范畴；民主社会主义也从来未触及国家政权问题，更强调国家的管理职能，冲淡了国家作为阶级统治工具的特性。一方面，民主社会主义认为借助于业已形成的民主传统，通过不断发展的普遍选举制度、劳工保护法和福利政策等就可以在不知不觉中改变国家政权的本质、长入社会主义。另一方面，它认为只要借助于无产阶级和资产阶级对国家的协同管理，无产阶级就能取得政权。总体说来，19 世纪末至今，民主社会主义经历了三次调整；伯恩施坦主义的出现是德国社会民主党在理论上转向现代社会民主主义的关键"一跃"；1959 年《哥德斯堡纲领》第一次实现了德国社会民主党纲领在理论与现实政治任务上的统一，民主社会主义在理论上放弃了马克思主义并倡导改良主义；第三次是 20 世纪 90 年代中期，为适应社会发展和国际环境新变化的"第三条道路"改革运动。

二战后，建立在先进工业化和充分普选制议会民主基础上的资本主义世界享受到前所未有的强有力的长期繁荣，这就为福利政策的实施奠定了基础：工人的工作日和工时得以缩短、工资和福利提升，劳动人民的生活有所改善和提高。德国社会民主党便开始重新调整自己的纲领：德国社民党为扩大社会基础，开始从工人阶级政党转为左翼全民党；坚持指导思想多元化；自由、公正、互助的价值观和民主观；以混合制和经济民主代替经济社会化。《哥德斯堡纲领》因 1969 年德国社会民主党赢得大选而得到欧洲各社会党（工党、社民党、社会党的统称）纷纷效法，民主社会主义在欧洲辉煌一时。但是到了 20 世纪 70 年代，由于受到经济"滞胀"的影响，高福利政策陷入两难境地，民主社会主义开始逐渐陷入困境；此外，在英、法、德等国，社会党在大选中接连失利，尤其是 20 世纪 90 年代苏联解体东欧剧变后，社会主义阵营不复存在，民主社会主义从困境走向绝境。因此，革新派抓住历史机遇，发动了"第三条道路"改革运动。"第三条道路"是在承认变化的资本主义制度前提下，对资本主义进行的局部调整，定位是"超越老派的社会民主主义和新自由主义"① 的新路，实质上是社会民主主义的又一次对环境的适应和右倾化。

二、理论形态上的西方马克思主义

西方马克思主义是以卢卡其、葛兰西和柯尔施为代表西方马克思主

---

① ［英］安东尼·吉登斯著，郑戈译：《第三条道路：社会民主主义的复兴》，北京大学出版社，2000，第 27 页。

义者在第一次世界大战后对欧洲资本主义先进地区无产阶级革命失败进行哲学层面反思的产物。他们认为在20世纪20年代，社会主义革命之所以在经济文化相对落后的俄国取得胜利，而在相对发达的中西欧地区普遍失败的原因是由于工人阶级没有发展出充分的阶级意识，而这是由第二国际所主张的庸俗经济决定论所造成的。与此同时，他们对共产国际在各国党内所推行的"布尔什维克化"政策也深表不满。因而，他们强调复活马克思主义的辩证法和人的主观能动性。例如，卢卡其在《历史与阶级意识》中指明，辩证的马克思主义是能够给行动指明方向的认识现实的唯一方法。在他看来，历史与阶级意识是直接统一的。一旦决定坚持赤裸的、"自然的""经济决定论"基础，就会造成行动的主体与"事实"之间的疏离。又如，葛兰西认为，第二国际失败的根源就在于工人阶级运动无力抗拒资产阶级意识形态的渗透。因此，葛兰西提出了"文化领导权"理论，以期无产阶级能通过掌握意识形态领导权将其自身的利益表达转化为全社会的利益与常识无意识。

从20世纪30年代开始，西方马克思主义逐渐与政治实践相脱离。对此，佩里·安德森认为，在两次世界大战期间，法西斯主义和斯大林主义联合起来瓦解和破坏了与西方无产阶级群众性实践相结合的土生土长的马克思主义理论的潜在力量。葛兰西在意大利的与世隔绝和逝世、柯尔施和卢卡奇在美国和苏联的隔离和流亡生活，标志着西方马克思主义在西方群众中活动自如的阶段已告结束。二战后，苏联红军的胜利使得欧洲大陆一分为二。社会主义政权在除最南部巴尔干半岛建立起来，并实行苏联式的工业化。与此同时，欧洲的另一半则得到美国和英国军队的营救而属于资本主义阵营。在西德，共产主义传统得到彻底清除。此时，西方马克思主义已经发展成为一种与以往截然不同的理论。绝口不提马克思主义经典传统的核心问题，如详尽研究资本主义生产方式的经济运行规律，认真分析资产阶级国家的政治机器以及推翻这种国家机器所必需的阶级斗争战略；在经历了德国法西斯主义的崛起，西班牙反法西斯斗争的失败，法国人民阵线的瓦解之后，滋长和发展起了悲观主义论调。马克思主义在西方马克思主义那里"沦落"为方法论，并将其焦点固定在工业文明的弊端批判和文化批判上。但他们并不接受改良主义。六十年代期间，法国、美国、西德、意大利等国相继出现了"新左派"运动和学青年的造反活动，马尔库塞一时成为他们的"精神领袖"，卢卡奇等人的著作被他们广泛阅读和传播，奉为"思想武器"，从而使西方马克思主义有了发展。

西方马克思主义这一概念最早是由德国著名的共产党人和革命家卡尔·柯尔施提出的；主要指称以卢卡奇和他自己为代表的一种区别于"俄国马克思主义"的对马克思主义的诠释和理解的路径。1955年，梅洛－庞蒂在《辩证法的历险》一书中将西方马克思主义的传统追溯到1923年卢卡奇《历史与阶级意识》的发表。1976年，佩里·安德森在《西方马克思主义探讨》一书中认为，西方马克思主义尽管存在种种内部分歧和对立，却勾勒一个具有共同学术传统的理论体系，他把从卢卡奇到葛兰西，从萨特到阿尔都塞，从马尔库塞到德拉沃尔佩，列为西方马克思主义的主要流派，并一直延续至今。1898年，安德鲁·莱文在《什么是一种今天的马克思主义》一文中指出将在由梅洛－庞蒂和佩里·安德森使之流行起来、被广泛接受的意义上使用"西方马克思主义"一词，并指出，"粗略说来，西方马克思主义此词指那种贯串在卢卡奇、柯尔施、葛兰西、法兰克福学派的'批判理论家'（阿多诺、霍克海默、马尔库塞等），存在主义的马克思主义者（萨特、梅洛－庞蒂），解构主义马克思主义者（阿尔都塞）等人著作中的思潮"①。我国学者徐崇温在《怎样认识"西方马克思主义"》一书中，将西方马克思主义分属人文主义（批判的）和科学主义两种倾向。人本主义流派包括黑格尔主义的马克思主义（它以卢卡奇、柯尔施、葛兰西为主要代表，并认为法兰克福学派的代表在初期也奉行黑格尔主义马克思主义的思想路线）；以奥地利学者赖希和法兰克福学派代表马尔库塞、弗洛姆等人为代表的弗洛伊德主义的马克思主义和以梅洛－庞蒂和后期萨特为代表的存在主义的马克思主义。科学主义流派包括以意大利的德拉－沃尔佩

---

① 威尔和尼尔逊编：《分析马克思主义》，加拿大卡尔特里大学，1989，第30页。

为代表的新实证主义马克思主义和以法国的阿尔都塞为代表的结构主义的马克思主义。

三、马克思主义在东方的发展

在俄国，取得胜利的布尔什维克面临着两大问题：一个是经济问题，即如何奠基社会主义的经济基础；一个是政治问题，即党和国家的作用和职能问题。经济问题是最基本的，它成了俄国马克思主义者许多重大争论的实质所在。战时共产主义（1918）、新经济政策（1921—1928）和最后提出的一国社会主义学说都是用来回应落后的农业国家如何发展社会主义经济工业化这一问题的不同答案：列宁将新经济政策称为"退却"，即意味着在发动一次新进攻之前临时重新组织力量。但另一方面，列宁并没有把新经济政策只看作一种短期的权宜之计，而是"决定实行这一政策是非常慎重的，是从长远打算的"，是一种渐进主义的、审慎迂回的改良主义办法。一国社会主义论提供了一种明确而乐观的追求经济目标的方案；此外，还存在着利用民族主义情绪和独立的自豪感来作为进一步追求经济目标的诱导因素。相比之下，托洛茨基的"不断革命"思想，被说成是对俄国社会主义革命的思想抱悲观主义态度。但是，由于经济建设上的失误，再加上斯大林模式的僵化，导致苏联经济发展停滞、民主法治缺乏、思想凝固保守。苏联模式最终归于失败。

1917年俄国十月革命给中国也指明了发展道路。俄国十月革命在西方的无产阶级革命与东方落后民族国家的解放斗争中架起一座桥梁，开创了无产阶级革命的新局面。对中国来说，像西欧那样，首先使资本主义生产高度发达起来，而后再进一步考虑进行社会主义革命，这条道路是行不通的。所以，在中国，中国共产党领导中国人民首先进行了反帝反封的新民主主义革命，而后经过社会主义改造在中国确立了社会主义制度。然而，中国共产党所开辟的中国特色社会主义道路是在逐步突破和走出苏联模式社会主义的意义上而言的，国内有学者把这些突破概括为：首先，突破斯大林以阶级斗争为中心的社会主义模式论，把工作中心转移到经济建设上来；其次，突破苏联"超阶段论"社会主义，认为中国处于并将长期处于社会主义的"初级阶段"；第三，突破因循守旧、不事改革的苏联社会主义模式，在中国实行对内改革、对外开放的基本国策；第四，突破苏联国民经济重工业化和军事化发展模式，以满足民生需求和提高人民生活水平为出发点和落脚点来发展社会主义经济；最为重要的是，中国共产党实行的社会主义市场经济体制，是对斯大林否定市场的计划经济体制的重大突破。① 因此，中国特色社会主义开创了落后国家进行社会主义建设的新格局，是立足经济文化落后国家，对于"什么是社会主义，怎样建设社会主义？"认识进一步深化的结果。

第二节　社会主义实现方式具有多样性

社会主义的实现是在一定历史条件下完成的社会发展运动，是以资本主义生产方式的发展为基础和依托的一种运动。对已经达到的经济水平或资本主义新变化的考量，对于实现社会主义前提条件的讨论，对于实现社会主义方式的探讨，等等，都随着社会历史条件的发展变化而重新走进马克思主义理论研究者的视野并值得持续关注。在当今世界，一方面，资本主义社会的发展在不断积累着"社会主义"的新因素；另一方面，社会主义国家正在向着彰显社会主义本质的方向进步。因此，第二国际理论家关于实现社会主义方式的理论争论仍然是渗透在当代社会实践中的思想资源。当前，对于这些问题的持续关注和对社会主义实现方式多样性的反思是马克思主义基本原理研究的题中之意。这就要求，一方面要密切关注资本主义发展的新变化，积极探索资本主义国家实现社会主义的可能方式；另一方面，要积极肯定经济文化落后国家建

---

① 马龙闪：《苏联模式的形成和"中国道路"的巨大突破》，《中国延安干部学院学报》，2014 年第 5 期。

设社会主义的多样性；与此同时，两种社会制度相互借鉴，最终，两种制度通过各自不同的方式和道路，实现共产主义。

一、当代资本主义的新变化

依据资本主义的发展变化调整社会主义的实现方式是实现马克思主义历史使命的重要途径。我们可以看到，当代资本主义已然发生变化，并在一定时期内一定程度上仍然能对自身作出调整，但是并没有消除其基本矛盾，资本主义的本质并没有发生变化，社会主义替代资本主义仍是历史的必然。

（一）关于"当代资本主义的新变化"的争论

二战胜利后，由于冷战意识形态和权力政治的殊死对立，美国和苏联迅速陷入冷战局面。为了冷战的需要，美国推出了援助欧洲的马歇尔计划，增加对欧洲的投资，推动了科学技术从美国向其他欧洲国家的转移，为欧洲资本主义的复兴奠定了明显的物质基础。美国和欧洲的资本主义进入"黄金时代"，发达国家的经济迅速增长，与战前的大萧条对比起来，经济增长的成就尤其突出。到了 20 世纪 70 年代初，长期推行凯恩斯主义经济政策的负面效果开始显现，布雷顿森林体系分崩离析，中东石油危机爆发，美欧等西方主要经济体进入了以低增长、高通胀为特征的滞涨时期。再加上，由于复苏了的欧洲同美国的差距逐渐缩小，通过技术实现经济轻松增长的范围逐渐缩小，发达资本主义经济的空前繁荣走到了尽头。上世纪 70 年代末、80 年代初，滞涨局面已经非常严重，美国的通货膨胀率高达两位数，经济增长仍然乏力，宣告了凯恩斯主义药方的失败。之后，随着保守势力在美、英大选中的胜利；美国自1985 年进入一个长期"大缓和"阶段，其基本特征是经济稳定增长，波动幅度小。欧洲和美国的经济相关性高，情况比较类似。他们在经济上信奉供应学派，大力推行私有化，以激发微观经济主体的创新创业热情，同时辅之以稳定的财政政策和货币政策。在政治上倾向极端保守主义，在思想上皈依古典自由主义。客观地说，这些政策产生了一定的效果。20 世纪 90 年代，苏联解体东欧剧变后，资本主义右翼学者误将社会主义的低潮看作是资本主义的终极胜利，并把资本主义看作人类历史发展的"终极状况"。然而，他们似乎乐观得早了一些。2007 年，受美国次贷危机的影响，世界主要经济先后经受大萧条以来最严重的金融危机和经济危机，史称"大衰退"。美国 GDP 下降幅度高达 5%。除了金融危机和经济危机以外，欧元区国家还受到单一货币的负面影响，情况比美国严重得多。在经历了 2008——2009 的首次下降之后，又于 2012 年前后经历了二次探底。时至今日，美国经济开始缓慢复苏，但欧洲的情况还不明朗，欧元不是没有破产的可能。

总而言之，有学者认为，二战以来，由于科学技术的迅猛发展和资本主义的自我调节能力的增强，资本主义经济有了一定的增长。当代资本主义在生产力、生产关系、社会阶层结构、经济运行机制等方面都有了新的变化。可是，无论是凯恩斯主义，还是货币主义、供应学派，它们试图通过债务和信贷去消解因为有效需求不足而形成的"过剩"的做法，最终导致了货币、信贷和债务泛滥。2007 年爆发的金融危机和随后的长期的衰退就表明：这种通过债务、信贷和货币增长的方式没有也不可能消灭资本主义的基本矛盾。它们至多只能暂时掩盖资本主义的矛盾，推迟因资本主义基本矛盾而导致的资本主义生产方式"最终崩溃"的时间。即便如此，资本主义经济也会因此付出代价：较二战以前，经济危机的频率虽然小了，但危害程度却更大了。资本主义基本矛盾却正在新的基础上被进一步扩大和积累。例如，法国经济学家托马斯·皮凯蒂在《21 世纪资本论》中，通过对自 18 世纪工业革命以来至今欧美国家财富分配数据的全面分析，表明：尽管二战以来西方国家大力推广现代科技、广泛实施福利政策，但是，社会不平等的深层结构和资本主义的基本矛盾并没有改变；财富分配不平等的问题并没有减缓，反而很快会变得更加严重；资本收益率持续高于经济增长。不难看出，如果西方资本主义国家还是仅限于不触动资本主义统治根基、不改变资本主义制度性质的自我改良和调整，资本主义矛盾的总爆发和资本主义经济体系的彻底崩溃将只是时间的问题。社会主义取代资本主义是人类社会发展的历史必然。

与此相反，国内外学者也有人认为，尽管如此，资本主义仍然具有将强的适应性和调节能力，发达资本主义国家通过一系列的自我调节和自我改良的措施一定程度上缓解了资产阶级生产关系对生产力的束缚。这种调节本身表明，资本主义进入国家垄断资本主义或社会资本主义的阶段。例如，在经济领域，虽然资本主义的基本矛盾并未解决，但是当代资本主义的科学技术的发展，还是在源源不断促进资本主义劳动生产率的提高，社会生产力还在继续增长。在政治生活领域，资产阶级民主政治、劳动法、最低工资法和社会福利政策的实施，使得当代资本主义能够通过自我调节来克服危机；此外，中间阶层的扩大化也使得资本主义社会的平稳性大大增加。此外，还有学者认为，当代资本主义已经处于"社会主义的入口处"，经济结构已然发生部分质变，经过长时间的自然发展，资本主义就能实现自我扬弃，和平长入社会主义。

（二）实现社会主义的主要方式是和平过渡的观点

在当代资本主义发展新的历史条件下，与对"资本主义新变化"的两种主流的截然不同看法相对应，就是实现社会主义的可能方式而言，存在着"和平过渡说"（又称"自我扬弃说"）与"暴力革命说"。有学者就认为，和平方式可能将是今后社会主义社会取代资本主义社会的主要方式。首先，随着知识经济的兴起，在知识阶层成为社会中坚力量的情况下，社会主义革命出现了采取非暴力革命的现实可能性。其次，经济全球化，使得各国之间的经济依赖大大加强。最为重要的是经济条件的社会化程度不断提高。如余金富教授就认为，在现代资本主义条件下，"以管理民主化、利润分享化、福利全民化为主要特征的现代资本主义生产关系，已经取代了家长制管理制和独占制分配制为主要特征的古代资本主义生产关系"①，当代资本主义已经具有一些社会主义特征；因而当代资本主义正在向社会主义和平发展。此外，还有学者提出社会主义取代资本主义将通过工人阶级革命性的变革实现，即"暴

---

① 余金富：《当代资本主义的新发展与资本主义生产方的部分质变——兼与徐崇温先生商榷》，《经济经纬》，2007 年第 4 期。

力革命说"。

马克思在《关于费尔巴哈的提纲》中曾指出,"哲学家们只是用不同的方式解释世界,问题在于改变世界。"① 社会主义取代资本主义社会一方面是社会历史发展的必然,资本主义基本矛盾和由此而导致的经济危机和社会问题为其提供了客观必然性;另一方面,它也是工人阶级主动争取的结果。诚如马克思在《法兰西内战》中所说,工人阶级只是"要解放那些由旧的正在崩溃的资产阶级社会本身孕育着的新社会因素";"为了谋求工人阶级自身的解放,并同时创造出现代社会在本身经济作用下不可遏止地向其趋归的那种更高形式,他们必须经过长期的斗争,必须经过一系列将把环境和人都加以改造的历史过程。"② 唯物史观指出,历史的发展是经济主导的普遍性和必然性与人的主观能动性导致的特殊性与偶然性相结合。因此,笔者认为,对于未来资本主义社会实现社会主义方式的研究和预测,要以具体的历史条件为转移,要在对主客观事实审时度势把握的基础上,把握规律性、富于创造性。

二、经济文化落后国家建设社会主义的多样性

马克思主义经典作家在谈论无产阶级与全人类的解放时,为我们认识世界和改造世界提供了两个重要的方法:唯物史观和阶级斗争理论。但是,值得注意的是,马克思主义经典作家在谈论这个问题时,针对的是西方发达资本主义国家;俄国布尔什维克实际上是在经济文化落后的基础上进行社会主义革命的,与西方发达资本主义国家的历史条件有很大的不同。这完全不同于马克思恩格斯的设想。但是,十月革命在俄国的胜利却为经济文化落后国家开辟了一条尽快融入世界现代化潮流的路径。之后,社会主义从一国实践到多国实践,并不断突破苏联模式,在当今不断变化的世界中经历着变革。根据理论与实践的差别,经济文化落后国家的社会主义建设呈现出了纷繁复杂的多样性。

社会主义在东方经济文化落后国家的发展是同列宁和俄国十月社会

---

① 马克思,恩格斯:《马克思恩格斯文集》第1卷,人民出版社,2009,第502页。
② 马克思,恩格斯:《马克思恩格斯文集》第3卷,人民出版社,2009,第159页。

主义革命联系在一起的。列宁依据帝国主义时期资本主义发展不平衡的规律和俄国自身实际，通过十月社会主义革命，建立了第一个社会主义国家，开始了在经济文化落后国家建设社会主义道路的探索。这极大地推动了马克思主义向东方社会的传播与发展，对于促使东方各国的无产阶级革命和民族解放运动的发展产生了深远影响。东欧和东亚也随之出现革命风暴。十月革命后，面对资本主义包围的国际环境和俄国经济文化比较落后的现实，列宁提出的"新经济政策"和有关社会主义建设的思想，从理论和实践上探讨了经济文化落后国家巩固和发展社会主义的道路。社会主义在东方国家的影响日益扩大。第二次世界大战以后，欧亚一系列国家先后走向社会主义道路，社会主义由一国实践变成多国实践，形成了与资本主义相对立的社会主义体系。

在东欧，二战后，英、法等帝国主义国家和东欧各国的资产阶级集团遭到了削弱，同时，由于资本主义严重的经济危机使得依靠国家干预来缓和经济和社会矛盾的思想比较盛行；再加上苏联二战后对东欧国家选择社会主义道路提供支持与帮助，捷克斯洛伐克（1919）、波兰、南斯拉夫、保加利亚、德意志民主共和国、阿尔巴尼亚、罗马尼亚、匈牙利8个国家先后走上了社会主义道路。

在亚洲，一些国家诸如越南、中国、蒙古、朝鲜、老挝在民主革命胜利以后也走上了社会主义道路。其中，新中国的成立是这一进程中最重大的事件。中国共产党成功地解决了半殖民地半封建国家如何通过革命夺取政权建立社会主义制度的一系列问题，产生了毛泽东思想，使马克思主义在中国得到新的丰富和发展。但是，这些国家在社会主义建设初期，几乎都不同程度上照搬苏联模式；毋宁说苏联模式本身就存在着严重的问题。

由于苏联模式不可能完全适合各国的国情，因而它的缺陷和弊端也越来越明显。从20世纪50年代中后期开始，许多国家①就都开始思考如何进行改革的问题。到了20世纪70年代中后期，由于社会主义体制

---

① 例如，20世纪50年代的南斯拉夫改革、赫鲁晓夫时期苏联的改革和匈牙利改革。

的僵化日益严重，在各个社会主义国家内部，经济和社会的发展受到严重阻碍，社会主义的优越性难以充分体现。此外，资本主义的繁荣发展也给社会主义带来了巨大的压力。因此，改革成为现实社会主义发展的直接推动力。随着改革的推进，到了 20 世纪 80 年代末，出现了两种趋向：苏联和东欧国家在探索改革的道路上，逐渐偏离社会主义方向，最终共产党丧失政权，社会主义制度瓦解；而中国却通过改革开放，不断坚持将马克思主义与本国实际相结合，在实践中创立了中国特色社会主义理论，走出了一条经济文化落后国家建设和发展社会主义新路。在共产党的领导下，中国特色社会主义建设逐步在经济发展中确立了市场原则，在政治和社会生活中确立了民主与法制的原则，同时注重社会民生、文化和生态建设，积极推进社会主义改革与建设，解决了关系中国社会主义发展和现代化社会的全局性问题，社会主义事业欣欣向荣。

此外，在第二次世界大战后，在亚非拉民族解放运动中，也出现了不同色彩的社会主义思潮和流派，马克思主义和经济文化落后国家的民族解放运动汇合在一起，形成了多样性的发展。值得一提的是，亚非拉发展中国家执政的民族社会主义政党所主张的民族社会主义。苏东剧变对于这些国家都有不同程度的影响。现在，这些发展中国家非执政的无产阶级政党和民族主义政党领导的社会主义都强调要把马克思主义的基本原理与本国的实际情况相结合，积极探索适合本国国情的社会主义发展道路。

三、与时俱进地推进马克思主义发展

通过对第二国际理论争论的整体性回顾和马克思主义在与东、西方各国实践相结合所取得的历史成就的考察，我们发现，第二国际的理论争论向我们提供了一套可供借鉴的考察当今世界社会主义发展势态的研究范式。它促使我们思考：当马克思主义面对变化了的历史条件并与文化传统不尽相同的各国实践相结合时，作为马克思主义者，在实现社会主义的长期历史过程中所应该考量的若干基本问题，这对于观测 21 世纪社会主义的发展动向有着重要的现实意义。这些基本问题包括，密切

关注当今资本主义的新变化、继续探索当代资本主义国家实现社会主义的可能方式；将马克思主义的基本原理与本国的实际情况相结合、关注经济文化落后国家的社会主义建设问题并注重考察当今社会主义国家对资本主义国家的示范和引导作用；关注当代西方马克思主义的最新研究；等等。这些都是关涉马克思主义最终旨趣实现的重大理论和现实问题。对于这些问题的回答，从根本上要求我们必须从整体上把握马克思主义、坚持马克思主义基本原理；立足本国实际、与时俱进地推进马克思主义的发展。

（一）从整体上把握马克思主义、坚持马克思主义基本原理

从整体上把握马克思主义、坚持马克思主义基本原理是与时俱进地推进马克思主义发展的基础。马克思主义来源于对社会现实的关注，是对十九世纪中叶西欧社会问题的回答，是马克思和恩格斯为解决他们所处时代的社会问题而创立的。马克思在 1865 年 7 月 31 日致恩格斯的信中指出，"不论我的著作有什么缺点，它们却又一个长处，即它们是一个艺术的整体。"① 这就要求我们，要"回到马克思主义"本身，把马克思主义当作一个整体；并沿着马克思主义创始人所承担的历史使命及其所开辟的理论道路去创新马克思主义。

本书认为，马克思主义的整体性首要指的是马克思主义理论本身的内在统一性；就马克思主义理论的内在统一性而言，它是以现实的人为出发点，将自然、历史与人的存在统一于人的实践活动之中，创立了唯物史观；在用唯物史观批判性地研究资本主义生产方式的同时，马克思借助阶级斗争向人们提供了一个社会更替的机制，使得资本主义社会能够被更加人道的共产主义社会所替代，从而创建了的包括无产阶级在内的全人类解放和自由发展为归旨的学说。整个马克思主义理论体系体现了科学性、革命性与阶级性的统一。而马克思主义也正是因其科学的方法论、彻底的批判精神和革命性以及终极的人文关怀使它得以与时俱进、实现时代化。

---

① 马克思，恩格斯：《马克思恩格斯文集》第 10 卷，人民出版社，2009，第 231 页。

马克思主义创立初期，囿于当时资本主义矛盾暴露的并不充分，马克思恩格斯低估了资本主义自我调节和修复的能力。例如，随着时代条件的变化，由于资本主义的新变化而导致的无产阶级革命的策略和实现社会主义的方式是会随着现实而不断调整的。因此，我们在考察马克思主义时，不能孤立地纠缠于某些固定结论，而是要从它为实现社会主义革命的目的和包括工人阶级在内的全人类的解放和发展的需要所提供的分析方法中，把握马克思主义的内在统一性；在历史变迁中实现社会主义。马克思主义是一个整体，不能因为现实生活中经济、政治或者某个领域出现的新情况而否定马克思主义；也不能拘泥于马克思主义经典作家在特定历史条件下的个别论断过时就讲马克思主义过时了；从整体上看，无论对当代资本主义还是社会主义的发展，马克思主义仍然具有解释力。

（二）结合时代背景，立足本国实际，丰富和发展马克思主义。

马克思和恩格斯在 1872 年为《共产党宣言》所写的德文版序言中所阐明的，"不管最近 25 年来的情况发生了多大的变化，这个《宣言》中所阐述的一般原理整个说来直到现在还是完全正确的。某些地方本来可以作一些修改。这些原理的实际运用，正如《宣言》中所说的，随时随地都要以当时的历史条件为转移。"在这篇《共产党宣言》诞生 25 年后马克思和恩格斯第一次为它所写的序言中，马克思主义经典作家对马克思主义理论对现实的指导作用作出了反思。"随时"与"随地"就强调指出了马克思主义在从理论到现实的过程中面临着的时代化与本土化的双重考量。一方面，马克思主义是时代问题的产物，马克思主义因其具有彻底的批判精神、对人的终极关怀和科学的方法论使其时代化成为可能。马克思主义是时代性和时代化的统一，马克思主义只有随着时代条件的变化而不断发展才能更好地指导现实；另一方面，任何一种理论又都要回到现实中去指导实践，而现实总是具体的、有差别的。随着马克思主义的不断传播和日益成为一种意识形态，这个现实的差别不应当只被看作是国别的差别，更是文化传统的差别。文化传统在马克思主义从理论走向现实的过程中起着至关重要的作用，正是文化传统的差异导致了马克思主义面向现实问题时所出现的"变异"与多样性。在现实的生活中，这双重考量并不是截然完全分离的，而是相互交织地成为马克思主义面向现实问题的重要考量。

因此，只有结合时代背景，将马克思主义的基本原理与本国实际相结合，才能取得社会主义的胜利。现阶段，马克思主义在当代世界各国都有新的发展。在西方，社会民主党和共产党都在致力于不断进行理论与实践的调整，由于各国国情不同、文化传统的差异，在政策实践中的侧重点和具体治理方式会有所不同。在东方，越南、老挝两国沿着革新开放的道路继续前进；朝鲜、古巴两国就探索本国特色发展道路而言，同样也各有建树。在非洲和拉丁美洲等发展中国家，民族主义政党和非执政的无产阶级政党也在根据本国的国情建设社会主义。我们承认文化传统的多样性，也就应当承认社会主义的多样性。就中国而言，中国特色社会主义建设事业所取得的伟大成就，是与马克思主义理论的正确指导息息相关的。以习近平同志为核心的党中央提出协调推进"四个全面"的战略布局，作为中国特色社会主义理论体系的新内容，是对时代新的阶段性特征的理论反映，是马克思主义与中国现实相结合的新飞跃，是马克思主义在面向中国现实的理论新发展。

参考文献

（一）马克思主义经典著作

1. 马克思 恩格斯：马克思恩格斯文集 [M]．北京：人民出版社 2009 年版．

2. 马克思 恩格斯：马克思恩格斯选集 [M]．北京：人民出版社 1995 年版．

3. 马克思 恩格斯：马克思恩格斯选集 [M]．北京：人民出版社 2012 年版．

4. 马克思 恩格斯：马克思恩格斯全集 [M]．北京：人民出版社 1956~1985 年版．

5. 列宁：列宁选集 [M]．北京：人民出版社 2012 年版．

6. 列宁：列宁专题文集 [M]．北京：人民出版社 2009 年版．

7. 毛泽东：毛泽东文集 [M]．北京：人民出版社 1993~1999 年版．

8. 邓小平：邓小平文选 [M]．北京：人民出版社 1989~2002 年版．

（二）伯恩施坦相关著作

1. ［德］爱德华·伯恩施坦，殷叙彝译：社会主义的前提和德国社会民主党的任务 [M]．北京：生活·读书·新知三联书店 1965 年版．

2. ［德］爱德华·伯恩施坦，马元德等译：社会主义的历史和理论 [M]．北京：东方出版社 1989 年版．

3. ［德］爱德华·伯恩施坦，史集译：什么是社会主义 [M]．北京：生活·读书·新知三联书店 1963 年版．

4. ［德］爱德华·伯恩施坦，史集译：一个社会主义者的发展过程 [M]．北京：生活·读书·新知三联书店 1962 年版．

（三）考茨基相关著作

1. ［德］卡尔·考茨基，陈冬野译：爱尔福特纲领解说 [M]．北京：生活·读书·新知三联书店 1963 年版.

2. ［德］卡尔·考茨基，梁琳译：土地问题 ［M］. 北京：生活·读书·新知三联书店 1955 年版.

5. ［德］卡尔·考茨基，何疆、孙小青译：社会革命 ［M］. 北京：人民出版社 1980 年版.

6. ［德］卡尔·考茨基，刘磊译：取得政权的道路 ［M］. 北京：生活·读书·新知三联书店 1961 年版.

7. ［德］卡尔·考茨基，史集译：帝国主义 ［M］. 北京：生活·读书·新知三联书店 1964 年版.

8. ［德］卡尔·考茨基，何疆、王禹译：民族国家、帝国主义国家和国家联盟 ［M］. 北京：生活·读书·新知三联书店 1964 年版.

9. ［德］卡尔·考茨基著，何疆、王禹译：国防问题和社会民主党 ［M］. 北京：生活·读书·新知三联书店 1964 年版.

10. ［德］卡尔·考茨基，叶至译：无产阶级专政 ［M］. 北京：生活·读书·新知三联书店 1963 年版.

11. ［德］卡尔·考茨基，马清槐译：恐怖主义和共产主义 ［M］. 北京：生活·读书·新知三联书店 1963 年版.

12. ［德］卡尔·考茨基：唯物主义历史观 ［M］. 上海：上海人民出版社，1964 年版.

13. ［德］卡尔·考茨基，卜君、杨德译：陷入绝境的布尔什维克主义 ［M］. 北京：生活·读书·新知三联书店 1965 年版.

14. ［德］卡尔·考茨基，叶至译：一个马克思主义的成长 ［M］. 北京：生活·读书·新知三联书店 1973 年版.

（四）第二国际其他理论家相关著作

1. ［英］霍布森，纪明译：帝国主义 ［M］. 上海：上海人民出版社 1960 年版.

2. ［奥］希法庭，福民等译：金融资本 ［M］. 北京：商务印书馆 1994 年版.

3. ［德］罗莎·卢森堡，彭尘舜、吴纪先译：资本积累论 ［M］. 北京：生活·读书·新知三联书店 1959 年版.

4. ［德］罗莎·卢森堡，殷叙彝等译：论俄国革命·书信集 ［M］. 贵州：贵州人民出版社 2001 年版.

5. ［德］罗莎·卢森堡著，邱崇仁等译：狱中书简［M］. 北京：人民文学出版社1981年版.

6. ［德］弗·梅林著：马克思传［M］. 北京：人民出版社1972年版.

7. ［德］弗·梅林著，青载繁译：德国社会民主党史（第1－4卷）［M］. 北京：三联书店1963～1966年版.

8. ［德］奥古斯特·倍倍尔著，薄芝宇译：我的一生（全3卷）［M］. 北京：三联书店1965年版.

（五）国外相关研究著作

1. ［美］福斯特著，李潞等译：三个国际的历史：1848年至1955年的国际社会主义和共产主义运动［M］. 北京：三联书店，1961年版.

2. ［德］约·连茨著，学庆译：第二国际的兴亡［M］. 北京：三联书店，1964年版.

3. ［英］佩里·安德森著，高舌等译：西方马克思主义探讨［M］. 北京：人民出版社，1981年版.

4. ［英］唐纳德·萨松著，姜辉等译：欧洲社会主义百年史——二十世纪的西欧左翼［M］. 北京：社会科学文献出版社，2013年版.

5. ［英］柯尔著，何瑞丰译：社会主义思想史. 第三卷. 上册［M］. 第二国际（1889－1914）［M］. 北京：商务印书馆，1981年版.

6. ［英］柯尔著，何瑞丰译：社会主义思想史. 第三卷. 下册［M］. 第二国际（1889－1914）［M］. 北京：商务印书馆，1986年版.

7. ［法］德罗兹著，时波译：民主社会主义：1864～1960［M］. 上海：上海译文出版社，1986年版.

8. ［美］悉尼·胡克著，徐崇温译：对卡尔·马克思的理解［M］. 重庆：重庆出版社，1989年版.

9. ［波］科拉柯夫斯基著，马元德译：马克思主义主流［M］. 台湾：远流出版事业公司，1992年版.

10. ［匈］卢卡奇著，杜章智、任立燕、宏远译：历史与阶级意识［M］. 北京：商务印书馆，1999年版.

11. ［意］葛兰西著，曹雷雨等译：狱中札记［M］. 北京：中国社会科学出版社，2000年版.

12. ［德］科尔施著，王南湜、荣新海译：马克思主义和哲学［M］. 重庆：重庆出版社，1989年版.

13. ［英］布鲁厄著，陆俊译：马克思主义的帝国主义理论：一个批判性的考察［M］. 重庆：重庆出版社，2003 年版.

14. ［英］乔纳森·沃尔夫著，范元伟译：21 世纪，重读马克思［M］. 北京：清华大学出版社，2015 年版.

15. ［英］戴维·麦克莱伦著，李智译：马克思以后的马克思主义（第3版）［M］. 北京：中国人民大学出版社，2008 年版.

16. ［英］G. A. 柯亨著，岳长龄译. 卡尔·马克思的历史理论——一个辩护［M］. 重庆：重庆出版社，1989 年版.

17. ［苏］加尔金等著，葆煦译：第二国际·第二个半国际［M］. 北京：人民出版社，1954 年版.

18. ［苏］克鲁普斯卡娅著，杨树人译：列宁回忆录［M］. 北京：人民出版社，1960 年版.

19. ［苏］普·凯尔任采夫著：列宁传［M］. 北京：三联书店，1960 年版.

20. ［苏］И. М. 克利沃古斯、C. M 斯切茨凯维奇著，中国人民大学编译室译：第一国际和第二国际［M］. 北京：三联书店，1975 年版.

21. ［苏］伊·И. 布拉斯拉夫斯基编，中国人民大学编译室译：第一国际第二国际历史资料［M］. 北京：三联书店，1964 年版.

22. ［苏］莫吉列夫斯基著：第二国际的复活（1919 - 1923）：革命高潮时期国际改良主义中心的历史［M］. 北京：人民出版社，1982 年版.

23. ［苏］Л. И. 祖波克编，刘金质译：第二国际史［M］. 北京：人民出版社，1984 年版.

24. ［苏］布赖奥维奇著，李兴汉等译：卡尔·考茨基及其观点的演变［M］. 北京：东方出版社，1986 年版.

25. ［苏］切尔涅佐夫斯基著，李宗禹、李兴耕译：革命马克思主义者反对中派主义的斗争［M］. 北京：中国人民大学出版社，1988 年版.

26. ［加］阿格尔著，慎之等译：西方马克思主义概论［M］. 北京：中国人民大学出版社，1991 年版.

27. ［日］幸德秋水著，马采译：社会主义神髓［M］. 北京：商务印书馆，2009 年版.

28. ［德］托马斯·迈尔等编辑，殷叙彝、张世鹏等编译：民主社会主义理论概念［M］. 重庆：重庆出版社，2012 年版.

29. ［美］普热沃尔斯基著，丁韶彬译：资本主义与社会民主［M］. 北京：中国人民大学出版社，2013 年版.

30. ［英］阿诺德·汤因比著，刘北成、郭小俊译：历史研究［M］. 上海：上海人民出版社，2000 年版.

（六）国内相关研究著作

1. ［德］爱德华·伯恩施坦著，中共中央编译局资料室编：伯恩施坦言论［M］. 北京：生活·读书·新知三联书店 1966 年版.

2. ［德］爱德华·伯恩施坦著，殷叙彝编：伯恩施坦文选［M］. 北京：人民出版社 2008 年版.

3. ［德］爱德华·伯恩施坦著，殷叙彝编：伯恩施坦读本［M］. 北京：人民出版社 2008 年版.

4. ［德］卡尔·考茨基著，中共中央编译局资料室编：考茨基言论［M］. 北京：生活·读书·新知三联书店 1973 年版.

5. ［德］卡尔·考茨基著，王学东编：考茨基文选［M］. 北京：人民出版社 2008 年版.

6. ［德］罗莎·卢森堡著，国际共运史研究室编，卢森堡文选（上卷）［M］. 北京：人民出版社 1984 年版.

7. ［德］罗莎·卢森堡著，国际共运史研究室编，卢森堡文选（下卷）［M］. 北京：人民出版社 1990 年版.

8. ［德］罗莎·卢森堡著，李宗禹编：卢森堡文选［M］. 北京：人民出版社 2012 年版.

9. ［奥］奥托·鲍威尔著，殷叙彝编：鲍威尔文选［M］. 北京：人民出版社 2008 年版.

10. ［意］安东尼奥·葛兰西著 李鹏程编：葛兰西文选［M］. 北京：人民出版社 2008 年版.

11. ［法］让·饶勒斯著 李兴耕编：饶勒斯文选［M］. 北京：人民出版社 2009 年版.

12. ［俄］格·瓦·普列汉诺夫著 张光明编：普列汉诺夫文选［M］. 北京：人民出版社 2010 年版.

13. 王伟光主编：社会主义通史（全八卷）［M］. 北京：人民出版社 2011 年版.

14. 中央编译局国际共运史研究室编：德国社会民主党关于伯恩施坦问题的争论 [M]. 北京：三联书店 1981 年版.

15. 中共中央党校国际工人运动史教研室编：列宁·第二国际·社会民主主义 [M]. 北京：中共中央党校出版社 1990 年版.

16. 殷叙彝等著：第二国际研究 [M]. 北京：中央编译出版社 1998 年版.

17. 庄福龄主编：简明马克思主义史 [M]. 北京：中共中央马克思恩格斯列宁斯大林著作编译局，人民出版社 2004 年第 4 版.

18. 张光明：布尔什维主义与社会民主主义的历史分野 [M]. 北京：中央编译出版社 1999 年版.

19. 高放：国际共产主义运动别史 [M]. 北京：中国书籍出版社 2002 年版.

20. 俞可平主编：全球化时代的"社会主义" [M]. 北京：中央编译局出版社 1998 年版.

21. 俞可平主编：全球化时代的"马克思主义" [M]. 北京：中央编译局出版社 1998 年版.

22. 张一兵主编，姚顺良等著：资本主义理解史（第 2 卷）：第二国际时期资本主义批判理论的演变 [M]. 南京：江苏人民出版社，2009 年版.

23. 杜康传、李景治：国际共产主义运动概论 [M]. 北京：中国人民大学出版社，2002 年版.

24. 张世鹏译：德国社会民主党纲领汇编 [M]. 北京：北京大学出版社，2005 年版.

25. 赵永清：德国民主社会主义模式研究 [M]. 北京：北京大学出版社，2005 年版.

26. 方章东：第二国际理论家马克思主义观研究 [M]. 合肥：安徽大学出版社，2007 年版.

27. 殷叙彝：民主社会主义论 [M]. 北京：中央编译出版社，2007 年版.

28. 本社编：马克思恩格斯列宁斯大林论反对机会主义、修正主义 [M]. 北京：人民出版社，1974 年版.

29. 中央编译局国际共运史研究室编：米勒兰事件 [M]. 北京：

三联书店，1980年版.

30. 彭树智：修正主义的鼻祖——伯恩施坦 [M]. 西安：陕西人民出版社，1982年版.

31. 国际工人运动史专题资料选集——第二国际 [M]. 北京：中央党校国际工人运动史教研室，1986年版.

32. 曹长盛主编：两次世界大战之间的德国社会民主党：1914 - 1945 [M]. 北京：北京大学出版社，1988年版.

33. 周海乐：第二国际史 [M]. 上海：上海社会科学院出版社，1989年版.

34. 黄楠森、庄福龄、林利主编：马克思主义哲学史 [M]. 北京：北京出版社，1991年版.

35. 刘佩弦、马健行主编：第二国际若干人物的思想研究 [M]. 北京：中国人民大学出版社，1994年版.

36. 庄福龄主编：马克思主义史 [M]. 北京：人民出版社，1996年版.

37. 周新城：民主社会主义思潮评析 [M]. 北京：社会科学文献出版社，2008年版.

38. 张玉宝：卡尔考茨基及其中派主义 [M]. 北京：中国社会科学出版社，2014年版.

39. 赵曜、王伟光等编：马克思列宁主义基本问题 [M]. 北京：中共中央党校出版社，2001年版.

40. 陈学明：中国为什么还需要马克思主义 [M]. 天津：天津人民出版社，2013年版.

41. 徐崇温：怎样认识"西方马克思主义" [M]. 重庆：重庆出版社，2012年版.

42. 编写组编：马克思主义发展史 [M]. 北京：高等教育出版社 人民出版社，2013年版.

43. 贾淑品：列宁、卢森堡、考茨基与伯恩施坦主义 [M]. 北京：人民出版社，2013年版.

（七）外文资料

1. Robert D. Warth . "The Second International, 1889 - 1914 by James Joll. New Yorker：Praeger, 1956. P. p. 198. ＄3. 50" in the Journal of Mod-

ern History，（Chicago：The University of Chicago press，1957），p147.

2. Leszek Kolakowski. MAIN CURRENTS OF MARXISM：ITS RISE，GROWTH AND DISSOLUION VOLUME Ⅱ THE GOLDEN AGE［M］. London：Oxford University Press，1978：98 – 114.

（八）国内相关研究论文

1. 本刊记者. 应该重视和加强对第二国际的研究——姚顺良教授访谈［J］. 国外理论动态，2008（6）.

2. 陈学明. 评卡尔·考茨基的主要理论观点［J］. 马克思主义与现实，2008（4）.

3. 陈学明. 罗莎·卢森堡对伯恩施坦、考茨基修正主义的批判［J］. 当代国外马克思主义评论，2009（7）.

4. 陈爱萍. 第二国际初期恩格斯对马克思主义的丰富和发展［J］. 广西师范大学学报》（哲学社会科学版），2014（3）.

5. 陈爱萍. 我国学界研究第二国际马克思主义的三个阶段［J］. 南昌航空大学学报（社会科学版），2013（5）.

6. 高放. 第二国际破产的若干历史教训［J］. 湖南师院学报（哲学社会科学版），1981（1）.

7. 高放. 三个国际的比较［J］. 马克思主义在当代，1989（3）.

8. 高放. 第二国际史研究的崭新成果［J］. 世界历史，1989（4）.

9. 高放. 研究第二国际历史经验的重大意义［J］. 政治学研究，1989（2）.

10. 高放. 恩格斯"政治遗嘱"百年八次争议［J］. 当代世界与社会主义，2010（5）.

11. 高放. 以宽广、深邃的目光观察社会主义［J］. 教学与研究，2003（11）.

12. 贾淑品. 伯恩施坦主义评析［J］. 井冈山大学学报（社会科学版），2010（6）.

13. 贾淑品. 对伯恩施坦"和平长入社会主义"理论的再认识［J］. 前沿，2010（1）.

14. 贾淑品. 论考茨基和伯恩施坦关于资本主义及其发展趋势的论争［J］. 科学社会主义，2012（6）.

15. 李宗禹. 关于评价第二国际的几个问题［J］. 当代世界与社

主义，2011（4）．

16．李景致．第二国际革命派与改良派的分歧是非原则性的吗？[J]．教学与研究，1990（3）．

17．李兴耕．苏联史学界对第二国际若干问题的研究状况 [J]．国际工运史研究资料，1985（2）．

18．李宗禹．关于评价第二国际的几个问题 [J]．世界历史，1985（7）．

19．李宗禹．列宁和第二国际 [J]．当代世界与社会主义，1985（3）．

20．李忠杰．浅论第二国际后期活动的历史功绩 [J]．学术界，1987（4）．

21．林艳梅．奥伊泽尔曼《为修正主义辩护》一书观点述评 [J]．国外理论动态，2009（4）．

22．刘雅琪．第二国际瓦解原因分析 [J]．柳州师专学报，2015（4）．

23．刘雅琪．"经济决定论"争论的历史与现实 [J]．玉林师范学院学报，2016（1）．

24．[澳] 曼弗雷德·斯德戈．恩格斯与德国修正主义的起源：另一种视角 [J]．马克思主义与现实，2010（6）．

25．马龙闪．苏联模式的形成和"中国道路"的巨大突破 [J]．中国延安干部学院学报，2014（5）．

26．牛先锋 刘雅琪．马克思主义从理论到现实的双重考量 [J]．河南师范大学学报（社会科学版），2016（1）．

27．牛先锋．论马克思主义的时代性和时代化 [J]．马克思主义与现实，2011（5）．

28．沙健孙．列宁论俄国进行社会主义革命的时代和社会历史条件——《论我国革命——评尼·苏汉诺夫的札记》[J]．思想理论教育导刊，2011 年第 4 期；

29．王学东．纪念第二国际成立 100 周年学术讨论会综述 [J]．当代世界与社会主义，1989（3）．

30．童建挺．第二国际研究 60 年 [J]．当代世界与社会主义，2011（4）．

31．徐崇温．列宁与伯恩施坦：到底是谁修正了马克思主义？[J]．探索与思考，2007（7）．

32. 徐觉哉. 对伯恩施坦主义的重新解读 [J]. 社会科学, 2008 (10).

33. 徐觉哉. 关于伯恩施坦几个观点的评析 [J]. 当代世界与社会主义, 2007 (6).

34. 徐觉哉. 对"伯恩施坦主义"的再认识 [J]. 同舟共进, 2008 (7).

35. 余金富. 当代资本主义的新发展与资本主义生产方的部分质变——兼与徐崇温先生商榷 [J]. 经济经纬, 2007 (4).

36. 殷叙彝. 第二国际的组织形式和结构 [J]. 国际共运史研究资料, 1981 (2).

37. 殷叙彝. 议会斗争与第二国际的策略 [J]. 世界历史, 1989 (4).

38. 殷叙彝. 伯恩施坦的生平和思想发展过程 [J]. 当代世界社会主义问题, 2005 (1).

39. 殷叙彝. 这是恩格斯的政治遗嘱吗?——恩格斯:卡·马克思《1848 年至 1850 年的法兰西阶级斗争》一书导言发表前前后后 [J]. 红旗文稿 2008 (14).

40. 姚顺良. 第二国际关于资本主义现代形态理论的当代审视——兼论列宁经典帝国主义理论的贡献和缺陷 [J]. 南京师范大学学报 (哲学社会科学版), 2007 年第 1 期;

41. 姚顺良. 第二国际关于资本主义现代形态理论的当代审视——兼论列宁经典帝国主义理论的贡献和缺陷 [J]. 南京大学学报 (哲学·人文科学·社会科学版), 2007 (1).

42. 张世鹏. 恩格斯与第二国际的建立 [J]. 北京大学学报 (哲学社会科学版), 1986 (3).

43. 张世鹏. 关于伯恩施坦主义研究的几个问题 [J]. 当代世界社会主义问题, 2010 (3).

44. 张世鹏. 如何评价伯恩施坦修正主义 [J]. 红旗文稿, 2010 (18).

45. 张世鹏. 论晚年恩格斯思想 [J]. 科学社会主义, 2010 (3).

46. 周懋庸. 1910 年卢森堡和考茨基关于群众罢工和建立共和国的争论 [J]. 国际共运史研究资料, 1986 (3).

47. 周懋庸. 第二国际的瓦解 [J]. 当代世界与社会主义, 1989

(4).

48. 张惠卿. "灰皮书"的由来和发展 [J]. 出版史料, 2007 (1).

49. 郑异凡. 中苏论战中的"反面材料"——"灰皮书"之来龙去脉 [J]. 百年潮, 2006 (7).

50. 郑异凡. "灰皮书": 中国出版史上的一个奇象 [J]. 世纪, 2013 (4).

51. 郑异凡. 第二国际和社会民主主义研究的拓荒者——悼殷叙彝先生 [J]. 当代世界与社会主义, 2014 (3).

52. 周宏. 第二国际时期马克思主义的境遇 [J]. 河南大学学报 (社会科学版), 2003 (2).

(九) 国内相关毕业论文

1. 贾淑品. 卢森堡对伯恩施坦主义的认识和批评 [D]. 南京: 南京师范大学, 2011.

2. 苏颖. 卡尔·考茨基的马克思主义观研究 [D]. 济南: 山东大学, 2009.

3. 张亮亮. 卡尔·考茨基思想述评 [D]. 北京: 中共中央党校, 2015.

4. 周庆. 试论卡尔·考茨基的民主观 [D]. 郑州: 郑州大学, 2010.

5. 张小红. 罗莎·卢森堡总体性方法研究 [D]. 上海: 华东师范大学, 2011.

6. 范冉冉. 罗莎·卢森堡总体性视域下的社会主义思想研究 [D]. 天津: 南开大学, 2012.

(十) 网络资料

http：//marxists. anu. edu. au/chinese/

https：//www. marxists. org

http：//www. wxyjs. org. cn

http：//www. ccpph. com. cn

后　记

在学位论文完成之际，我要特别感谢我的导师牛先锋教授。他严谨的治学态度、雄厚的学术功底、开阔的学术视野和谦逊达观的人生态度使我终身受益。导师对我的学术指导是全方位的。随着本书的撰写，我对马克思主义的理解更加深入，对马克思主义的信仰更加坚定。这个选题启发我关于整体的观点：它促使我紧随不断发展变化的时代条件、立足文化传统不尽相同的各国现实考察马克思主义的发展历史；它促使我将欧洲近代的宗教改革、文艺复兴、现代国家观的确立、民族国家独立与解放、工业革命、资产阶级民主革命、无产阶级革命等元素与马克思主义的演进历史有机地结合起来；它让我感知到变化环境下第二国际理论家们的局促与不安以及他们从各自所处环境出发对于马克思主义的传承与创新——伯恩施坦片面地抓住"经济发展新材料"，提出"资本主义适应论"，"修正"了马克思主义；考茨基立足半专制半民主的德国现实，保持"正统理论家"的姿态；列宁立足俄国的特殊性，将无产阶级革命与民族解放运动结合了起来，为更多经济文化落后的国家开辟了一条不同于西欧国家的现代化道路。

我还要由衷感谢刘海涛教授，感谢他启发我形成了本书的分析框架，它成为我论文得以如愿完成的至关重要的"合理内核"；感谢秦刚教授，感谢他为论文题目的最后确定提出的关键建议；感谢王中汝教授，他对这一选题提出的若干问题促使我积极地思考与探索；他严谨的治学态度和严格的要求是本文得以顺利完成的重要支撑；感谢贾建芳教授，感谢她对这一选题的积极肯定，她是我学习的好榜样。

本书尽量以唯物史观为指导，努力本着客观公正的态度对第二国际时期有关马克思主义的若干理论争论进行了基础、系统的梳理与阐释，力争弥补我国学界以往对第二国际整体性研究不足的缺憾。由于第二国际历史传统的复杂性，这篇论文还有很大的缺陷和不足。这些缺陷和不足完全是我个人的责任，与上述老师无关。诚如汤因比在《历史研究》中所说的："我们生活在一条思想的河流中，我们在不断地记忆着过去，同时又怀着希望或恐惧的心情展望着未来。"我将以不断进步的动力持续对这一问题的关注。

最后，我由衷地感谢辛勤劳作、善良淳朴的父亲母亲。他们总是带着无与伦比的爱欣赏着我的一切作品。即使他们并不一定能完全看懂本书，但他们一定会以此为骄傲。本书承载了我过去三年的努力，但仍无以回报父母恩情之万一。

刘雅琪

二○一六年元月九日於自得园